INFOGRÁFICOS
ESPORTES

Título original: *Infographic Guide to Sports*

Copyright © 2014 Essential Works Limited
Copyright © 2016 Publifolha Editora Ltda.

Publicado originalmente na Grã-Bretanha em 2014 pela Cassell Illustrated, uma divisão da Octopus Publishing Group Limited, Carmelite House, 50 Victoria Embankment, EC4Y 0DZ, Londres, Inglaterra.

Todos os direitos reservados. Nenhuma parte desta obra pode ser reproduzida, arquivada ou transmitida de nenhuma forma ou por nenhum meio sem a permissão expressa e por escrito da Publifolha Editora Ltda.

Proibida a comercialização fora do território brasileiro.

Coordenação do projeto: Publifolha
Editora-assistente: Fabiana Grazioli Medina
Coordenadora de produção gráfica: Mariana Metidieri
Produtora gráfica: Samantha R. Monteiro

Produção editorial: Página Viva
Edição: Tácia Soares
Tradução: Carlos Tranjan
Consultoria: Sílvio Valente
Revisão: Marília Bueno
Editoração eletrônica: Yara Penteado Anderi

Edição original: Octopus Books
Diretor editorial: Trevor Davies
Gerente de produção: Peter Hunt

Produção da edição original: Essential Works Ltd.
Diretora de arte: Gemma Wilson
Editor chefe: Mal Peachey
Editora: Fiona Screen
Pesquisa: Brianna Lester, Kiril Petrov, Duncan Steer, Giulia Vallone, Barney White
Projeto gráfico: Ben Cracknell

Dados Internacionais de Catalogação na Publicação (CIP)
(Câmara Brasileira do Livro, SP, Brasil)

Tatarsky, Daniel
    Infográficos : esportes : fatos e curiosidades inusitadas sobre modalidades, atletas, eventos e muito mais / Daniel Tatarsky ; [tradução Carlos Tranjan]. – São Paulo : Publifolha, 2016. – (Infográficos)

    Título original: Infographic guide to sports
    ISBN 978-85-68684-60-3

    1. Esportes 2. Esportes - Curiosidades 3. Esportes - Miscelânea 4. Esportes - Obras ilustradas I. Título. II. Série.

16-07009   CDD-796

Índices para catálogo sistemático:
1. Esportes : Miscelânea 796

Este livro segue as regras do Acordo Ortográfico da Língua Portuguesa (1990), em vigor desde 1º de janeiro de 2009.

Impresso na China.

PUBLIFOLHA

Divisão de Publicações do Grupo Folha
Al. Barão de Limeira, 401, 6º andar
CEP 01202-900, São Paulo, SP
Tel.: (11) 3224-2186/2187/2197
www.publifolha.com.br

Daniel Tatarsky

INFOGRÁFICOS
ESPORTES

Fatos e curiosidades inusitadas sobre modalidades, atletas, eventos e muito mais

PubliFolha

SUMÁRIO

Introdução — 8	Custo *vs.* distância — 26
Se o padrão de eficiência valesse medalhas de ouro — 10	Zorbing, o geek — 28
Calem as raquetes! — 12	Áreas de jogo — 29
Poder energético — 13	Melhorando com a idade — 30
Bolas de Hollywood — 14	A vantagem da superfície — 32
Petecas mais rápidas que Ferraris — 16	As maratonas mais puxadas — 34
Um viva a Ali Daei! — 18	Corrida pela vida — 36
Surfe nas alturas — 20	Quando um esporte não é um esporte? — 38
Tênis mundial — 22	Queda para a vitória — 40
Tal pai, tal filho — 24	Torcida perigosa — 42

Por que ping se você pode pong?	43	Linha do tempo das tochas olímpicas	60
Os melhores animais esportistas	44	Mulheres nas Olimpíadas	62
Jogos bobos	46	O azar da *Sports Illustrated*	64
Às suas marcas	48	Os campos de golfe mais difíceis do mundo	66
Supermulher esportista	50	Por que eles valem isso	68
Super-homem esportista	51	Disputas de alta rivalidade	70
Os pais dos cavalos	52	Nação em boa forma?	72
Bolas perigosas	54	Os maiores de todos os tempos	74
Os esportistas mais populares do mundo	56	As drogas não funcionam	76
Maiores períodos de invencibilidade	58	Como chegamos à passagem de roupa radical?	78

Você é durão mesmo? 80	Nomes de sucesso 102
Vista branco para ganhar 82	Compre qualquer ingresso 104
O jogo de Ali 84	Em apenas sete dias 106
A batida mais forte 86	Coma para vencer 108
Vorsprung Durch Technik 88	Por que papai queria que eu fosse um astro do esporte 110
Dinheiro grande 90	Soltem as correntes 112
Quebrando a costela de Adão 92	Partir como um raio 114
Tacada perfeita 94	Você sente a força? 116
Dia dos esportes nacionais 96	De que são feitas as medalhas 117
Quais são as chances?	Rodas vencedoras 118
Os campeões do sofá 100	Uma em 22 mil 120

Eles morreram tentando	122
Feito de ferro	124
Pescando filezinhos	126
Armas e setas	128
Bem abaixo do par	130
Comer, rezar, exercitar-se	132
Casa cheia	133
Quero assistir a um jogo de bola	134
Fórmula para vencer a F1	136
O adestramento é diferente para as meninas	138
Os bons velhos maus tempos	140
Graus de separação: Maria Sharapova	142
Loucuras de milionário	144
Davi derrota Golias!	146
Parecidos mas diferentes	148
Maldições no esporte	150
Dentro e fora das Olimpíadas	152
Quem se habilita ao salto em altura?	154
Na mosca!	156
Acostumados a perder	158
Créditos	160

Introdução

por Daniel Tatarsky

Albert Camus, célebre escritor e filósofo – além de jogador de futebol –, escreveu: "Depois de muitos anos nos quais vi muita coisa, devo meus maiores conhecimentos a respeito da integridade e do dever de um homem ao esporte e os aprendi com a equipe do RUA". O RUA (Racing Universitaire d'Alger) é o time do qual o argelino foi goleiro na juventude, até contrair tuberculose aos 17 anos. Difícil discordar da afirmação de que o esporte nos ensina sobre a vida, mas também é verdade que ele ensina muito a respeito de nós mesmos. Eu com certeza aprendi que você precisa chegar primeiro na ducha se quiser ter água quente.

Como na vida, o esporte tem vencedores e perdedores, e há também aqueles que dizem não ser assim tão importante de qual dos lados você se encontra no final. O que importa é como você lida com o resultado, pois é isso que reflete e edifica o seu caráter.

Existe uma imensa indústria baseada nas estatísticas do esporte. Em qualquer canto do mundo, onde quer que as partidas sejam disputadas, tem gente fazendo anotações sobre cada aspecto de cada esporte. A velocidade, a altura, o tempo de posse de bola na defesa, no ataque etc. – a coisa vai longe, mas em todo esporte, sem exceção, há apenas uma estatística que conta de fato: quem ganhou. Não lembro de seu autor, mas concordo com a frase que diz "o segundo lugar fica em lugar nenhum", ou seja, quem fica em segundo é apenas o primeiro da lista dos perdedores.

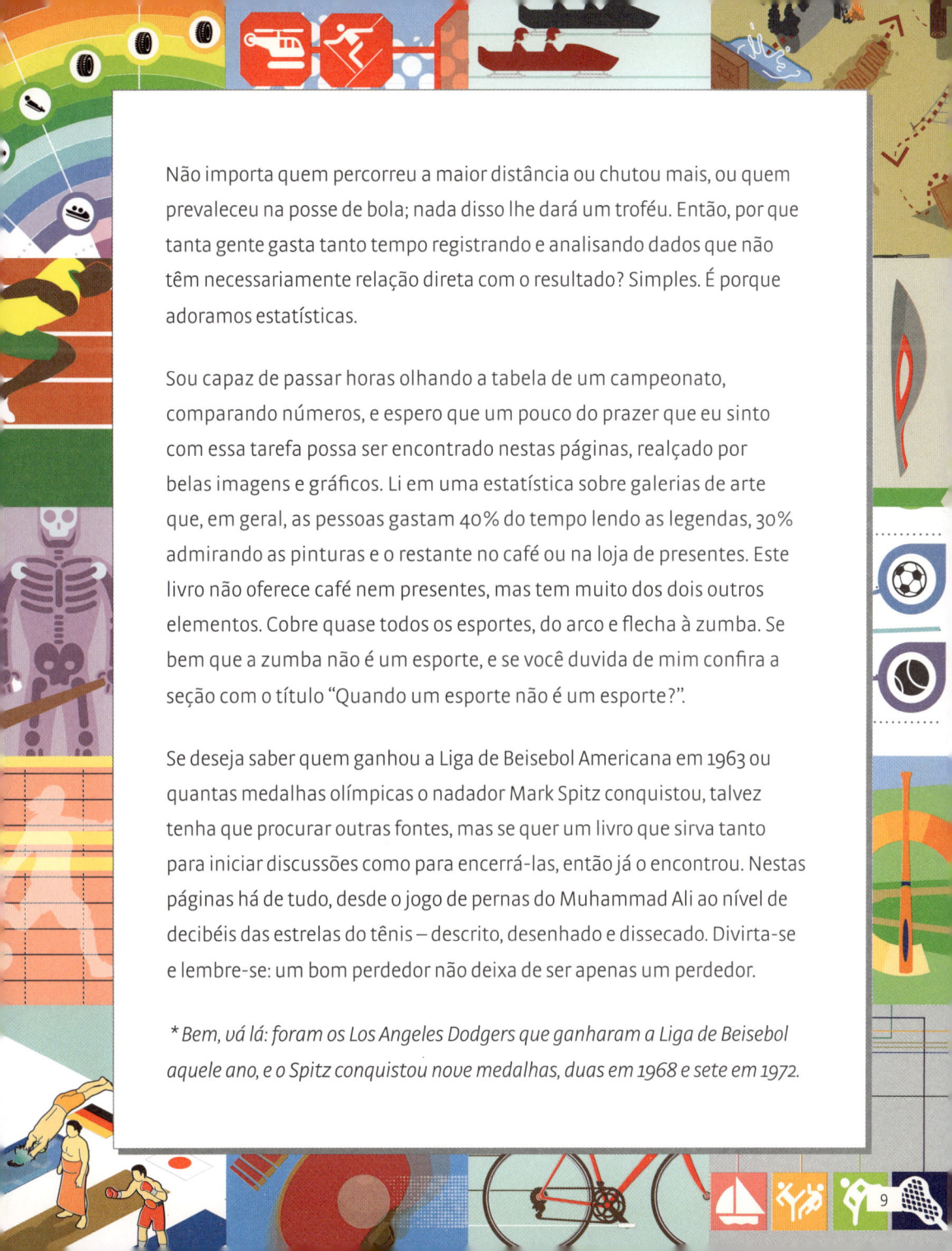

Não importa quem percorreu a maior distância ou chutou mais, ou quem prevaleceu na posse de bola; nada disso lhe dará um troféu. Então, por que tanta gente gasta tanto tempo registrando e analisando dados que não têm necessariamente relação direta com o resultado? Simples. É porque adoramos estatísticas.

Sou capaz de passar horas olhando a tabela de um campeonato, comparando números, e espero que um pouco do prazer que eu sinto com essa tarefa possa ser encontrado nestas páginas, realçado por belas imagens e gráficos. Li em uma estatística sobre galerias de arte que, em geral, as pessoas gastam 40% do tempo lendo as legendas, 30% admirando as pinturas e o restante no café ou na loja de presentes. Este livro não oferece café nem presentes, mas tem muito dos dois outros elementos. Cobre quase todos os esportes, do arco e flecha à zumba. Se bem que a zumba não é um esporte, e se você duvida de mim confira a seção com o título "Quando um esporte não é um esporte?".

Se deseja saber quem ganhou a Liga de Beisebol Americana em 1963 ou quantas medalhas olímpicas o nadador Mark Spitz conquistou, talvez tenha que procurar outras fontes, mas se quer um livro que sirva tanto para iniciar discussões como para encerrá-las, então já o encontrou. Nestas páginas há de tudo, desde o jogo de pernas do Muhammad Ali ao nível de decibéis das estrelas do tênis – descrito, desenhado e dissecado. Divirta-se e lembre-se: um bom perdedor não deixa de ser apenas um perdedor.

Bem, vá lá: foram os Los Angeles Dodgers que ganharam a Liga de Beisebol aquele ano, e o Spitz conquistou nove medalhas, duas em 1968 e sete em 1972.

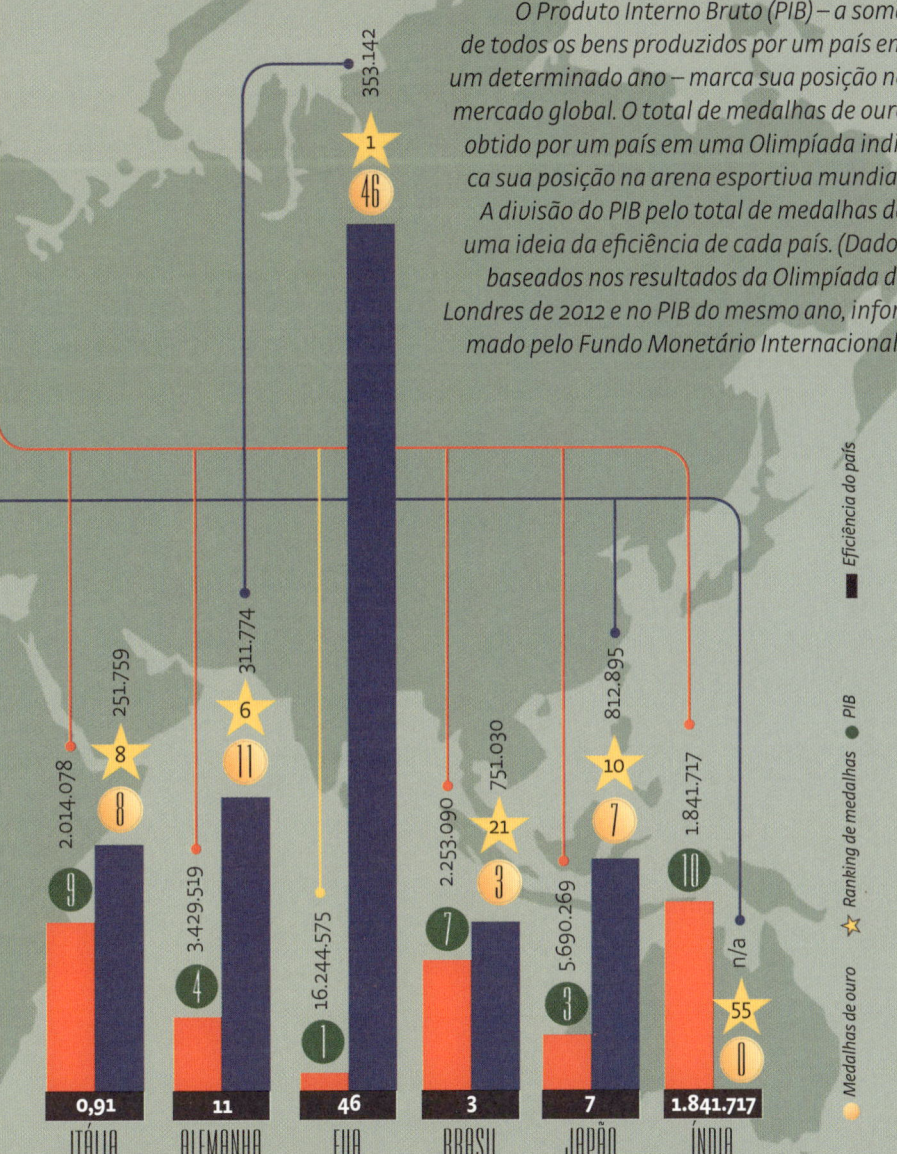

CALEM AS **RAQUETES!**

As barulhentas atletas top 10 do circuito feminino de tênis profissional costumam ser as vencedoras, mas parece que, se você quiser ser a número 1, não deve exceder os 101 decibéis.

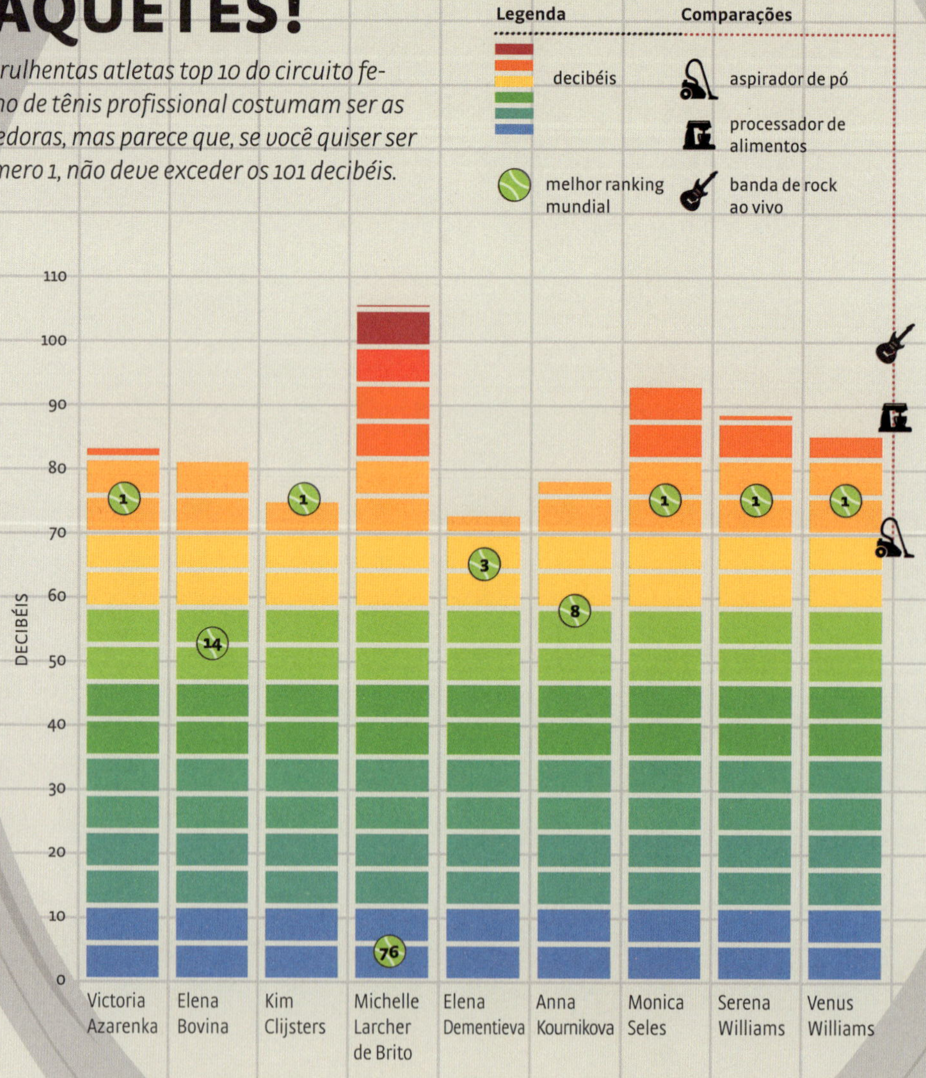

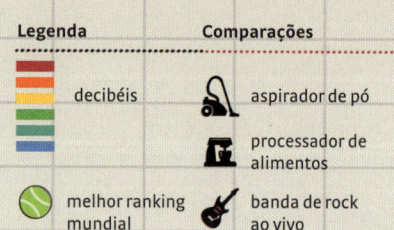

Legenda
decibéis
melhor ranking mundial
Comparações
aspirador de pó
processador de alimentos
banda de rock ao vivo
DECIBÉIS
0
10
20
30
40
50
60
70
80
90
100
110
Victoria Azarenka
Elena Bovina
Kim Clijsters
Michelle Larcher de Brito
Elena Dementieva
Anna Kournikova
Monica Seles
Serena Williams
Venus Williams
1
14
1
76
3
8
1
1
1

telegraph.co.uk, dangerousdecibels.org, chchearing.org

PODER **ENERGÉTICO**

O corpo de um atleta é capaz de produzir energia considerável em atividades de rápida explosão. Mas quais esportes requerem mais energia? A título de comparação, é interessante notar que os primeiros automóveis, nos anos 1890, eram equipados com motores de 4hp (cavalos de potência), ou 2.982 watts – portanto, eram mais "fracos" do que alguns esportistas atuais. Os dados mostrados aqui são para explosões de potência que duram entre 2 e 5 segundos.

5670 watts	4000 watts	2000 watts	1700 watts	780 watts	120 watts
7,6 hp	5,36 hp	2,68 hp	2,27 hp	1,05 hp	0,16 hp
Recorde mundial de agachamento de **halterofilista** masculino	Saque de **tenista** masculino	Recorde mundial de **sprint** de 100m masculino	Recorde mundial de **sprint** de ciclista no Tour de France	**Arremessador** de peso masculino	Primeira tacada *(tee shot)* de **golfista** masculino

wsj.com, totalrunning.com, wikipedia

BOLAS DE **HOLLYWOOD**

Nos EUA, quando um esportista tenta uma jogada espetacular, os comentaristas invariavelmente se referem a ela como "hollywoodiana". Isso se deve ao fato de que cineastas e fãs de cinema adoram histórias de perda e superação no esporte. Não surpreende que o esporte mais rico seja o futebol americano.

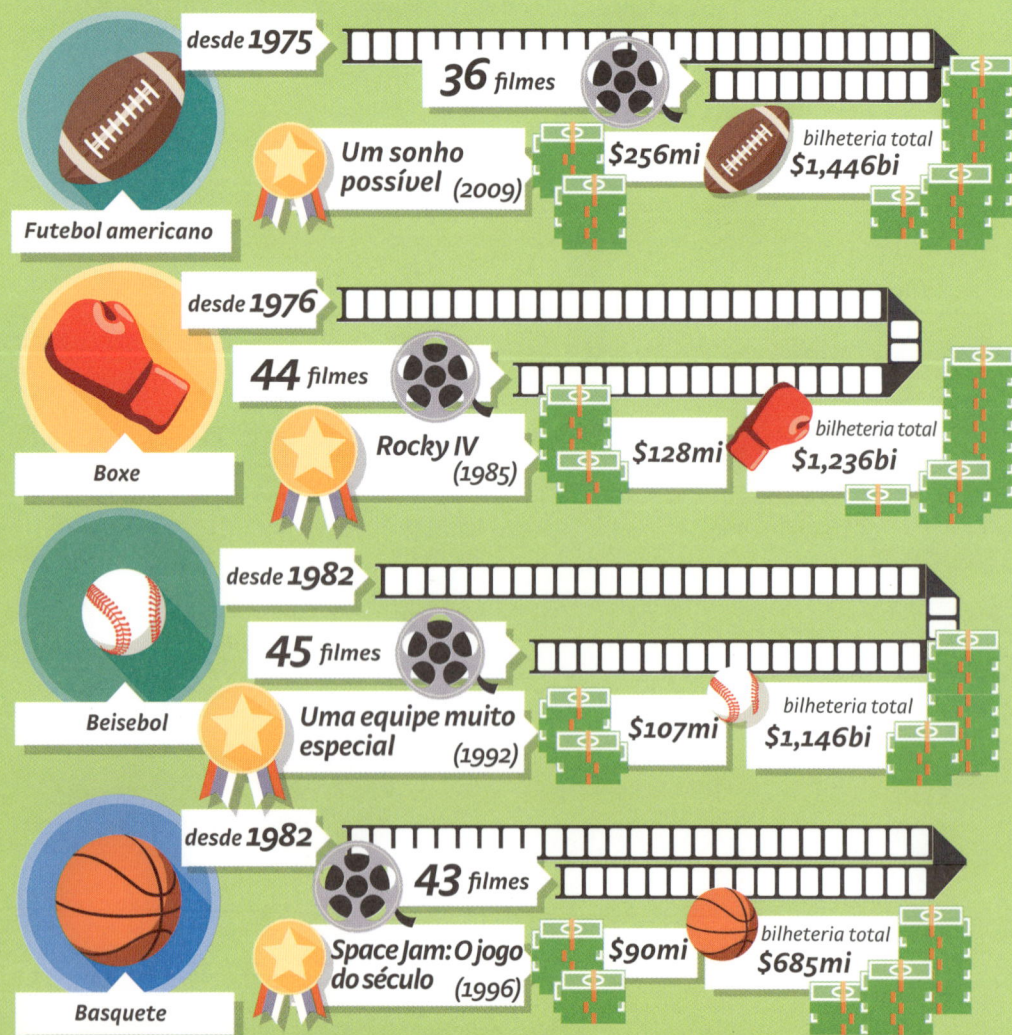

Futebol americano
desde **1975**
36 filmes
Um sonho possível (2009)
$256mi
bilheteria total $1,446bi

Boxe
desde **1976**
44 filmes
Rocky IV (1985)
$128mi
bilheteria total $1,236bi

Beisebol
desde **1982**
45 filmes
Uma equipe muito especial (1992)
$107mi
bilheteria total $1,146bi

Basquete
desde **1982**
43 filmes
Space Jam: O jogo do século (1996)
$90mi
bilheteria total $685mi

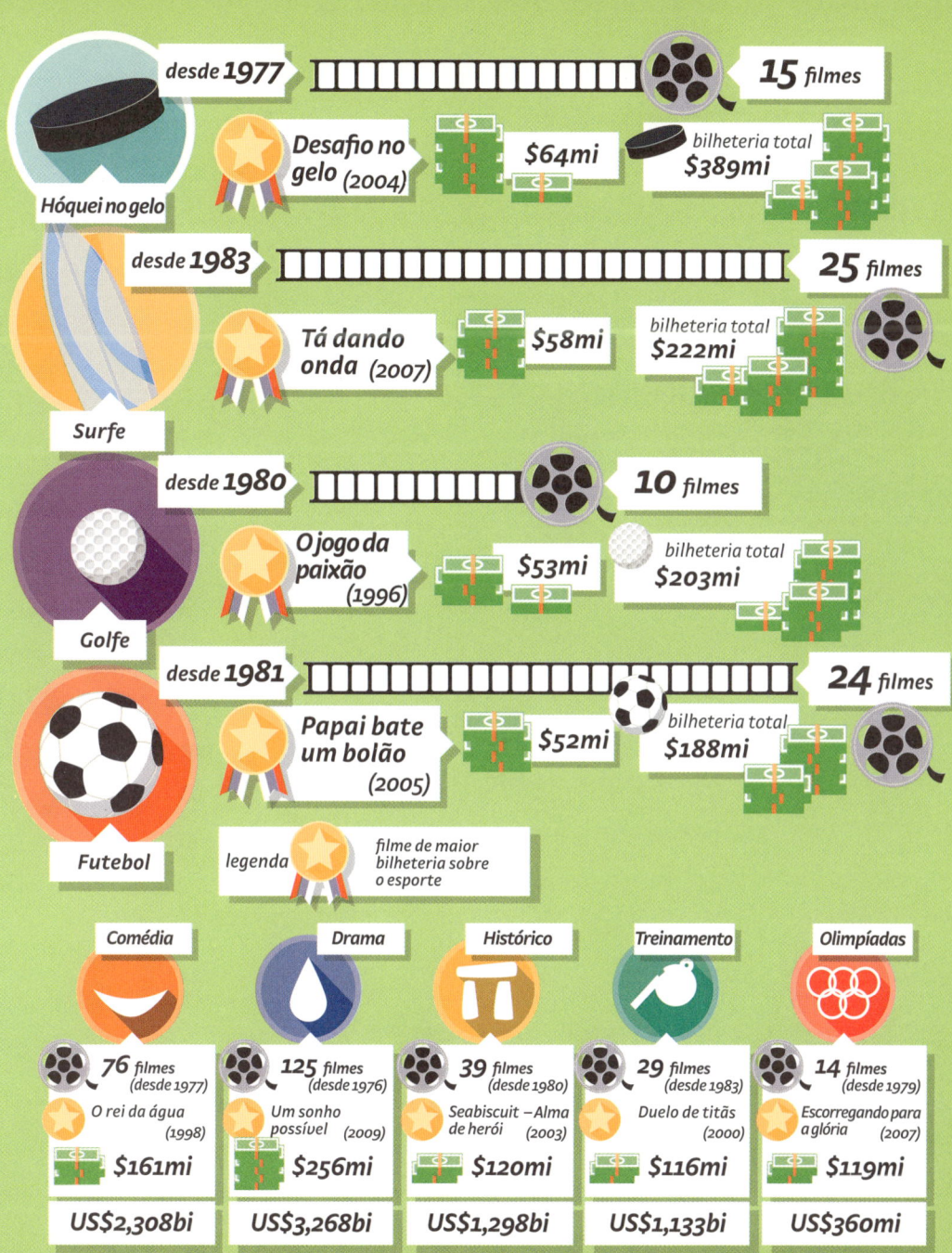

PETECAS MAIS RÁPIDAS QUE **FERRARIS**

A coordenação visual-motora é vital na maioria dos esportes, mas como é possível interceptar algo que se projeta em sua direção a mais de 150km/h? E quais objetos vêm mais rapidamente? O tempo de reação não depende apenas da velocidade do objeto – em muitos casos, está relacionado à distância em que você se encontra.

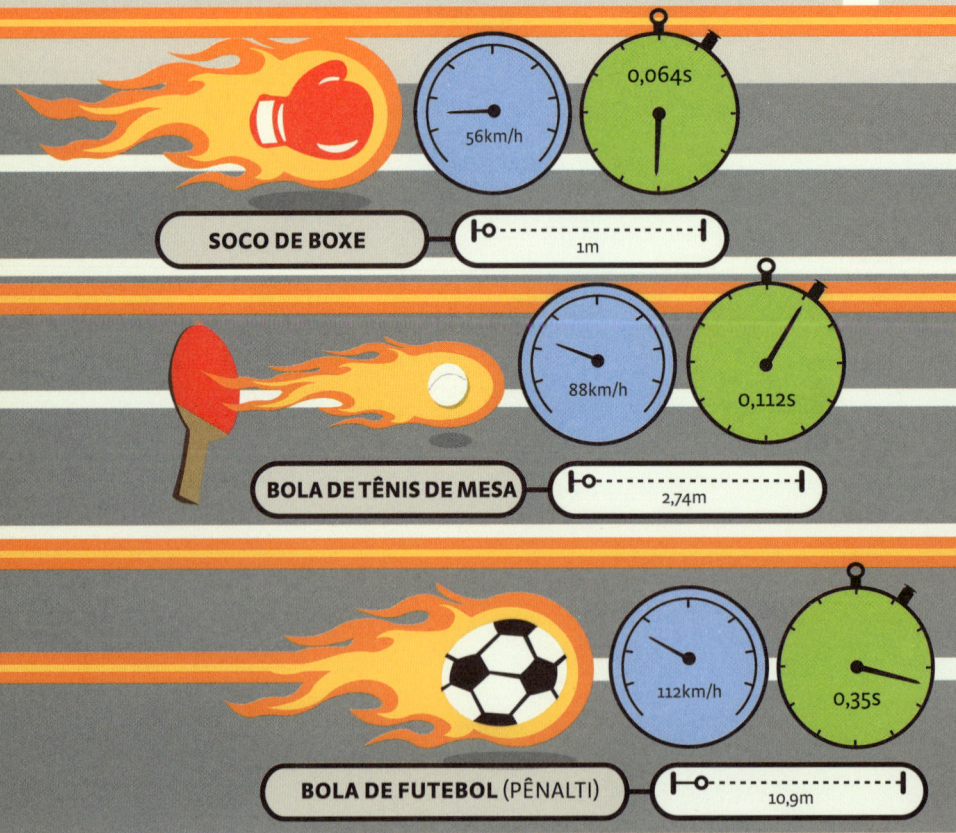

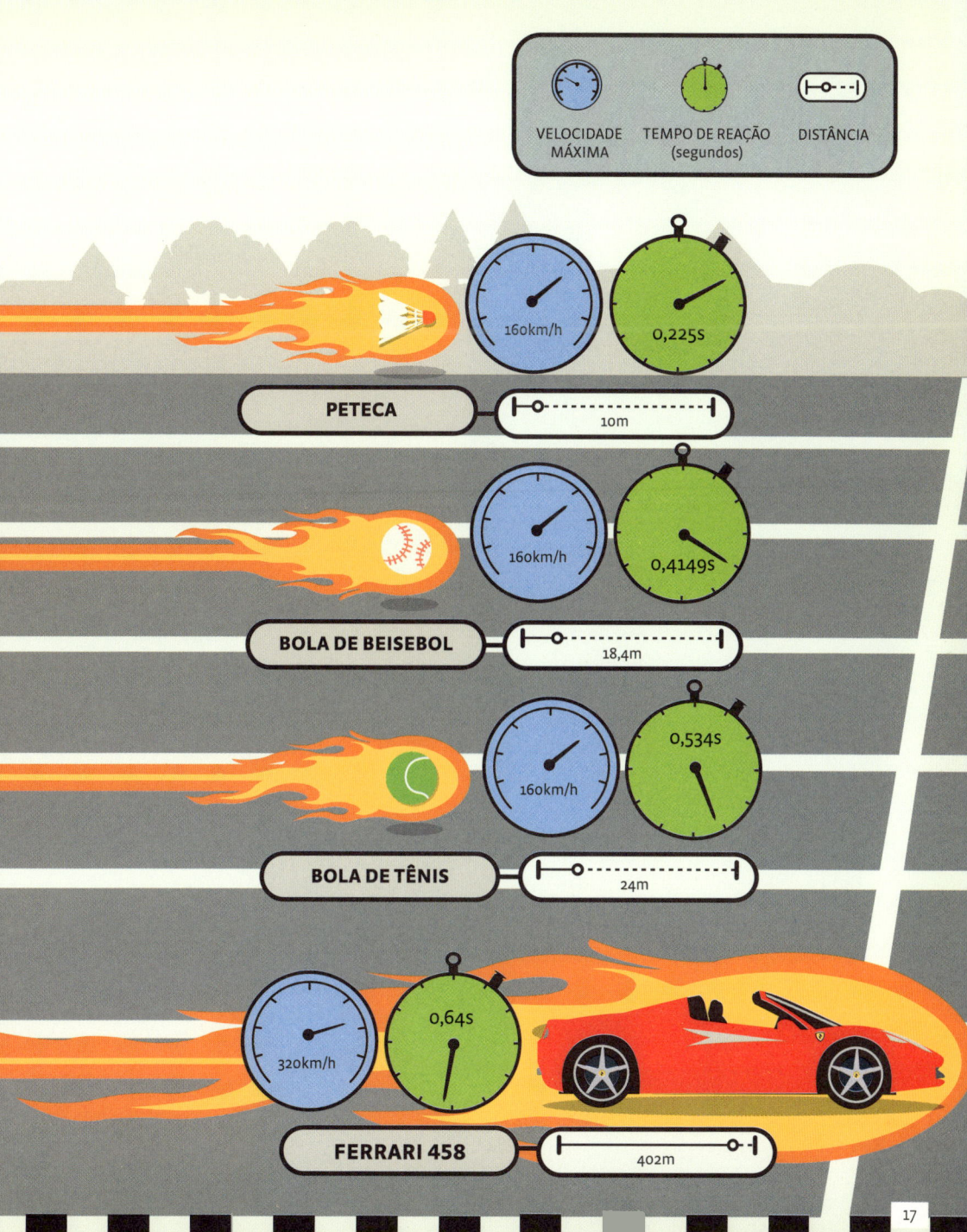

UM VIVA A **ALI DAEI!**

Aqui estão as partidas e os gols marcados por dez dos mais famosos jogadores do futebol mundial em suas respectivas seleções nacionais. Todos eles são superados por um jogador asiático, Ali Daei, que bateu os recordes vestindo a camisa do Irã.

2

| 91 | 34 | 0,37 |

MARADONA ARGENTINA
1977-1994

1

| JOGOS | GOLS | MÉDIA |
| 85 | 84 | 0,98 |

FERENC PUSKÁS HUNGRIA
1945-1956

| JOGOS | GOLS | MÉDIA |
| 149 | 109 | 0,73 |

| 106 | 49 | 0,46 |

| 48 | 33 | 0,69 |

ALI DAEI IRÃ
1993-2006

BOBBY CHARLTON INGLATERRA
1958-1970

JOHAN CRUYFF HOLANDA
1966-1977

SURFE NAS **ALTURAS**

Os surfistas adoram vencer o mar e os competidores – e quanto maior a onda, maior a adrenalina. Aqui está uma comparação entre a mais alta onda já surfada e os maiores saltos de outros esportes.

351

Mais alto salto de esqui:
107,21m
Fred Syversen (Noruega), nos Alpes franceses, em 18/03/2008

96

Mais alto salto de motocicleta:
24m
Robbie Maddison (Austrália), em Las Vegas, EUA, em jan/2009

32

Mais alto salto de snowboard
9,8m
Terje Haakonson (Noruega), em Oslo, em 1º/03/2007

2007 — 2008 — 2009

TÊNIS MUNDIAL

A nacionalidade dos dez melhores jogadores de tênis desde 1989, após a queda do comunismo.

CIRCUITO FEMININO

		1988	1989	1994	1999	2004	2009	2013
Leste Europeu	Rússia					4	5	1
	Rep. Tcheca	1	1	1	1			1
	Polônia							1
	Sérvia						1	
Europa Ocidental	Belarus	1		1			1	1
	Espanha		2	2	1			
	França			1	2	1		1
	Dinamarca						1	1
	Alemanha	2	1	1	1			1
	Suíça	1	1		1			
	Bélgica					2		
	Itália							1
	Argentina	1	1	1				
	Japão			1		1		
	China							1
	EUA	4	4	2	3	2	2	1
	África do Sul				1			

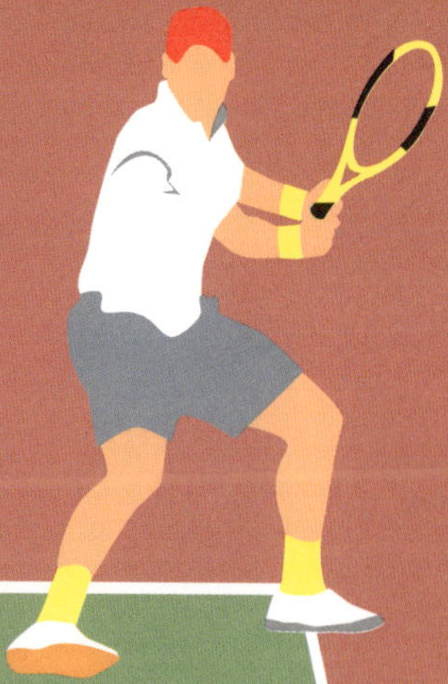

- antes da queda do Muro de Berlim
- depois da queda do Muro de Berlim

CIRCUITO MASCULINO

	1988	1989	1994	1999	2004	2009	2013		
Eslováquia	1								Leste Europeu
Rússia				1					
Rep. Tcheca			1			1			
Croácia				1					
Sérvia						1	1		
Ucrânia				1					
Espanha				1	2	2	2		Europa Ocidental
França						2	2		
Reino Unido				1	1	1	1		
Alemanha			2		1				
Alemanha Oc.		1							
Suíça	1				1	1	2		
Suécia		2	1						
Holanda	2			1					
Áustria		1	1						
Argentina	1				2	1	1		
Brasil				1					
Chile				1		1			
Austrália	1		1	1					
EUA	5	4	3	3	2	1			

TAL PAI, **TAL FILHO**

Competir com um pai que já foi premiado em competições mundiais pode não ser fácil. Aqui você vê uma relação de homens que o fizeram, para comparar cada estante de troféus e medalhas.

PAI
X FILHO

Nascar EUA
DALE EARNHARDT SR.

97 vitórias, 7 Winston Cups

Polo aquático Hungria
ISTVÁN SZÍVÓS PAI

1948 1952 1956

Vela EUA
JERRY KIRBY

1992

Nascar EUA
DALE EARNHARDT JR.
46 vitórias

Polo aquático Hungria
ISTVÁN SZÍVÓS FILHO
1968 1972 1976 1980

Vela EUA
ROME KIRBY
2013

Natação EUA
GARY HALL SR.

1968 1972 1976

Tiro Suécia
OSCAR SWAHN

1908 1912 1920

Ginástica URSS
ALBERT AZARYAN

1956 1960

Natação EUA
GARY HALL JR.

1996 2000 2004

Tiro Suécia
ALFRED SWAHN

1908 1912 1920 1924

Ginástica URSS
EDUARD AZARYAN

1980

	AVÔ		PAI	
	x	PAI	x	FILHO
	x	FILHO	x	FILHO

Remo Reino Unido
CHARLES BURNELL
1908

Skeleton EUA
JACK SHEA
1932

Corrida de trenós EUA
DICK MACKEY
1978

Remo Reino Unido
DICKIE BURNELL
1948

Skeleton EUA
JIM SHEA
1964

Corrida de trenós EUA
RICK MACKEY
1983   1997

Atletismo EUA
CHARLES JENKINS SR.
1956

Skeleton EUA
JIMMY SHEA
2002

Corrida de trenós EUA
LANCE MACKEY
2005   2006 2007 2008 2009 2010

Atletismo EUA
CHIP JENKINS (CHARLES JENKINS JR.)
1992

ouro   prata   bronze

Corrida da Nascar
Revezamento 4x400m
Oito com patrão
Skiff duplo

Olimpíada
Olimpíada de Inverno
America's Cup
Iditarod Trail Sled Dog Race
Yukon Quest

wikipedia.org   25

CUSTO VS. DISTÂNCIA

O rendimento de diferentes estrelas do esporte tem alguma relação com o esforço que elas despendem na competição?

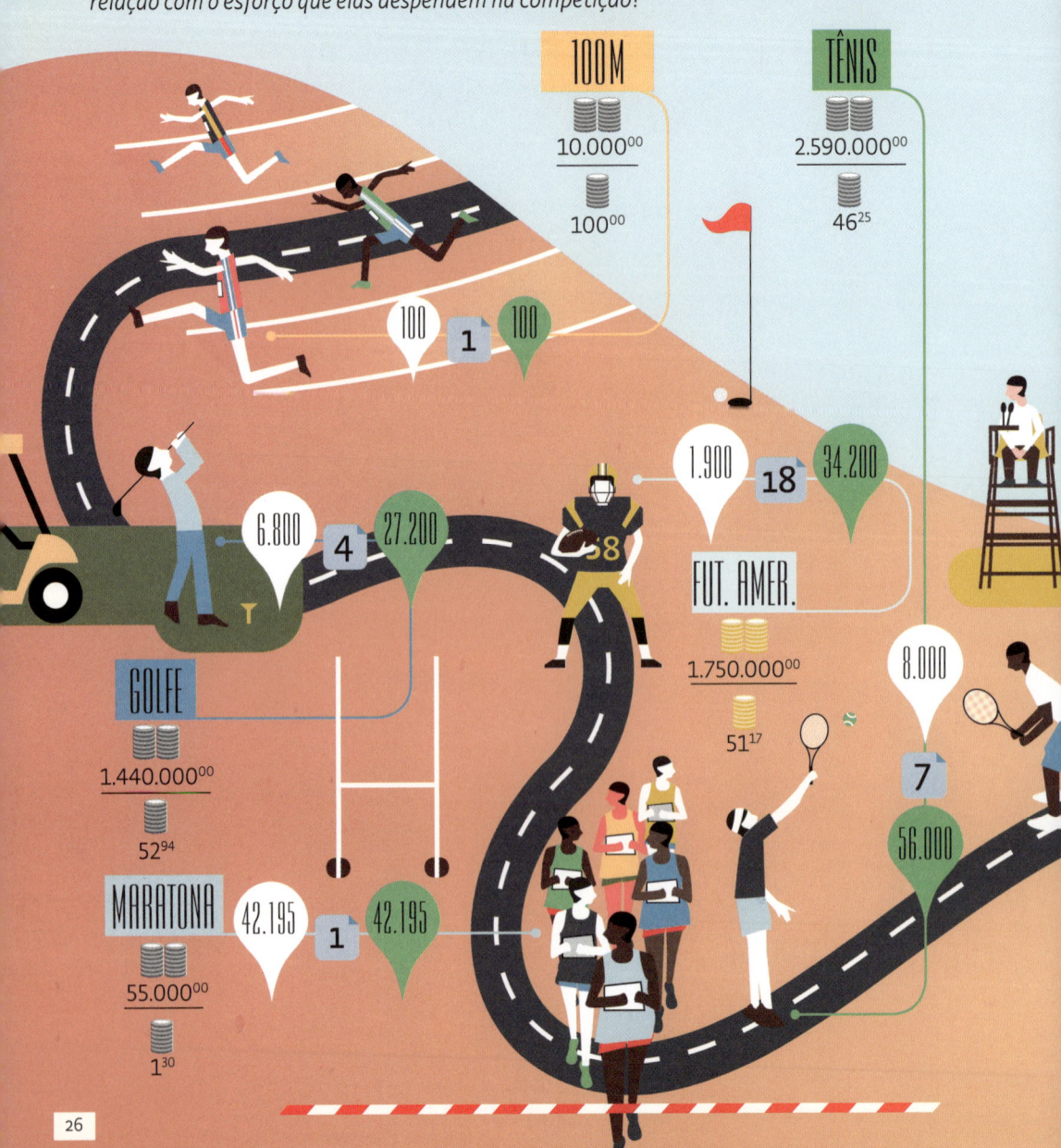

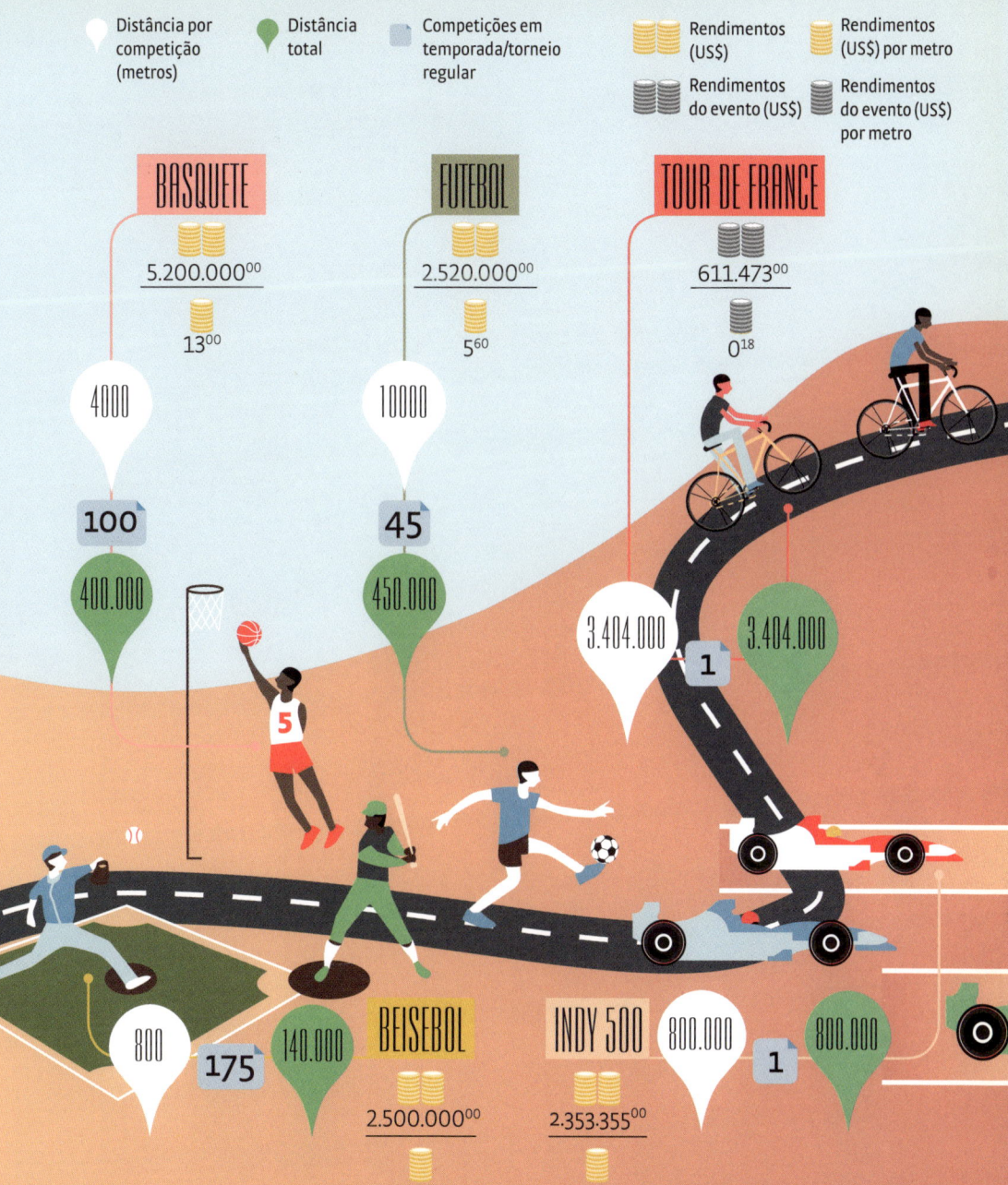

ZORBING, O GEEK

Quer andar sobre a água? Experimente o zorbing e, dentro de uma esfera à prova d'água inflada, caminhe enquanto flutua. Como isso pode ser meio sem graça, os "zorbers" de verdade descem ladeira abaixo, não usam correias de segurança e carregam sua esfera com um pouco de água com sabão. Tudo começou na Inglaterra, mas só se tornou um "esporte" na Nova Zelândia.

DESCRIÇÃO NO DICIONÁRIO OXFORD (2001)
'Zorbing é um esporte no qual o participante permanece em uma cápsula interna dentro de uma grande bola transparente que é rolada pelo chão ou ladeira abaixo.'

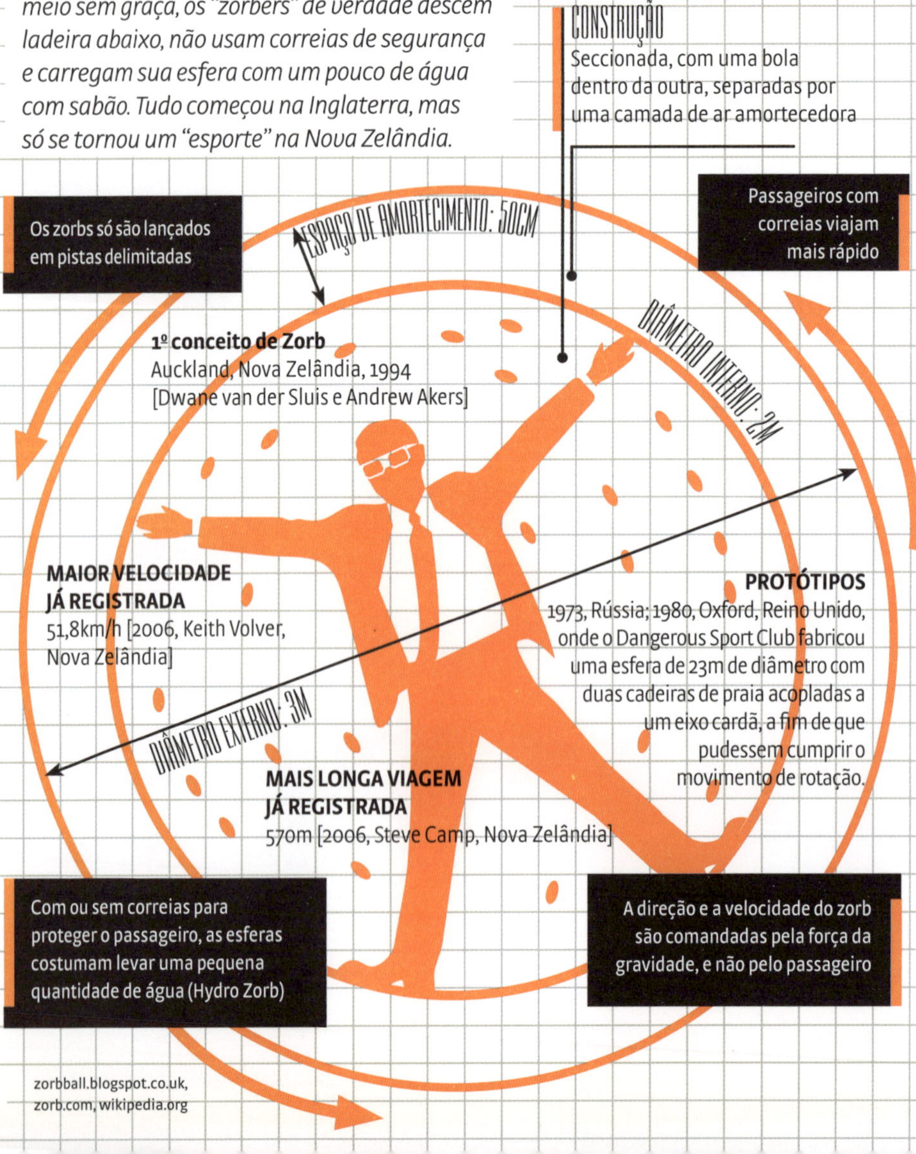

CONSTRUÇÃO
Seccionada, com uma bola dentro da outra, separadas por uma camada de ar amortecedora

Os zorbs só são lançados em pistas delimitadas

Passageiros com correias viajam mais rápido

ESPAÇO DE AMORTECIMENTO: 50CM

1º conceito de Zorb
Auckland, Nova Zelândia, 1994
[Dwane van der Sluis e Andrew Akers]

DIÂMETRO INTERNO: 2M

MAIOR VELOCIDADE JÁ REGISTRADA
51,8km/h [2006, Keith Volver, Nova Zelândia]

PROTÓTIPOS
1973, Rússia; 1980, Oxford, Reino Unido, onde o Dangerous Sport Club fabricou uma esfera de 23m de diâmetro com duas cadeiras de praia acopladas a um eixo cardã, a fim de que pudessem cumprir o movimento de rotação.

DIÂMETRO EXTERNO: 3M

MAIS LONGA VIAGEM JÁ REGISTRADA
570m [2006, Steve Camp, Nova Zelândia]

Com ou sem correias para proteger o passageiro, as esferas costumam levar uma pequena quantidade de água (Hydro Zorb)

A direção e a velocidade do zorb são comandadas pela força da gravidade, e não pelo passageiro

zorbball.blogspot.co.uk,
zorb.com, wikipedia.org

ÁREAS DE JOGO

"Arena" vem da palavra latina para "areia" – que era jogada sobre o solo para absorver o sangue durante os combates de gladiadores. A área de ação tinha de ser delimitada, a fim de conferir igualdade aos oponentes. Nos esportes modernos, essa área pode ser minúscula, como no tênis de mesa (1,525m x 2,74m).

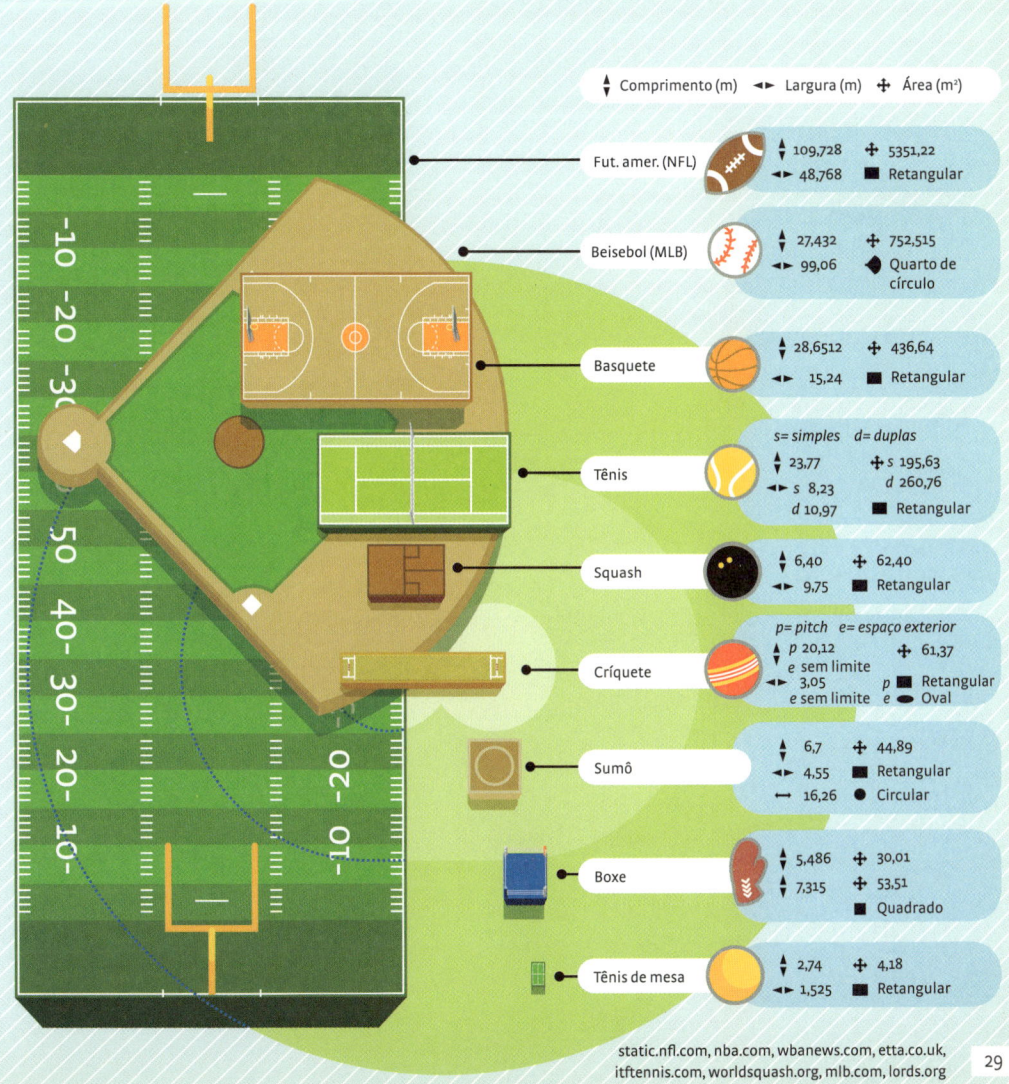

↕ Comprimento (m)   ↔ Largura (m)   ✥ Área (m²)

Fut. amer. (NFL)
↕ 109,728 ✥ 5351,22
↔ 48,768   ■ Retangular

Beisebol (MLB)
↕ 27,432   ✥ 752,515
↔ 99,06   ◔ Quarto de círculo

Basquete
↕ 28,6512 ✥ 436,64
↔ 15,24   ■ Retangular

Tênis   s= simples   d= duplas
↕ 23,77   ✥ s 195,63
↔ s 8,23   d 260,76
  d 10,97 ■ Retangular

Squash
↕ 6,40   ✥ 62,40
↔ 9,75   ■ Retangular

Críquete   p= pitch   e= espaço exterior
↕ p 20,12   ✥ 61,37
  e sem limite
↔ 3,05   p ■ Retangular
  e sem limite   e ⬭ Oval

Sumô
↕ 6,7   ✥ 44,89
↔ 4,55   ■ Retangular
↔ 16,26   ● Circular

Boxe
↕ 5,486   ✥ 30,01
↕ 7,315   ✥ 53,51
           ■ Quadrado

Tênis de mesa
↕ 2,74   ✥ 4,18
↔ 1,525   ■ Retangular

static.nfl.com, nba.com, wbanews.com, etta.co.uk, itftennis.com, worldsquash.org, mlb.com, lords.org

MELHORANDO **COM A IDADE**

A tenista americana Tracy Austin ganhou seu primeiro US Open aos 16 anos e venceu novamente dois anos depois – mas, quando adulta, não conquistou mais nenhum torneio de Grand Slam. Na outra ponta da faixa etária, o pugilista George Foreman reconquistou o cinturão dos pesos-pesados aos 45 anos. Em alguns esportes, a idade pode ser uma vantagem.

- **19** Idade em que virou profissional
- **22** Idade em que chegou ao 1º lugar do ranking
- **39** Idade em que pela última vez perdeu o 1º lugar do ranking
- **40** Idade de aposentadoria

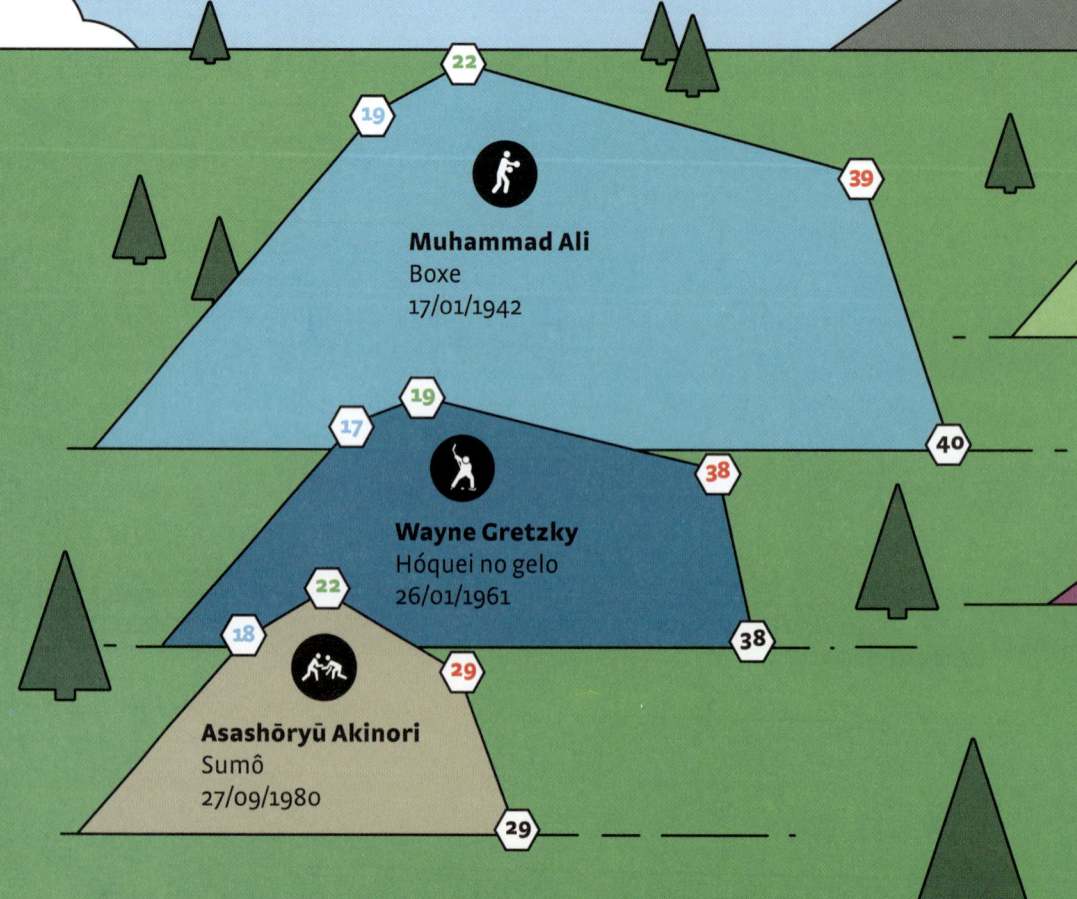

Muhammad Ali
Boxe
17/01/1942

Wayne Gretzky
Hóquei no gelo
26/01/1961

Asashōryū Akinori
Sumô
27/09/1980

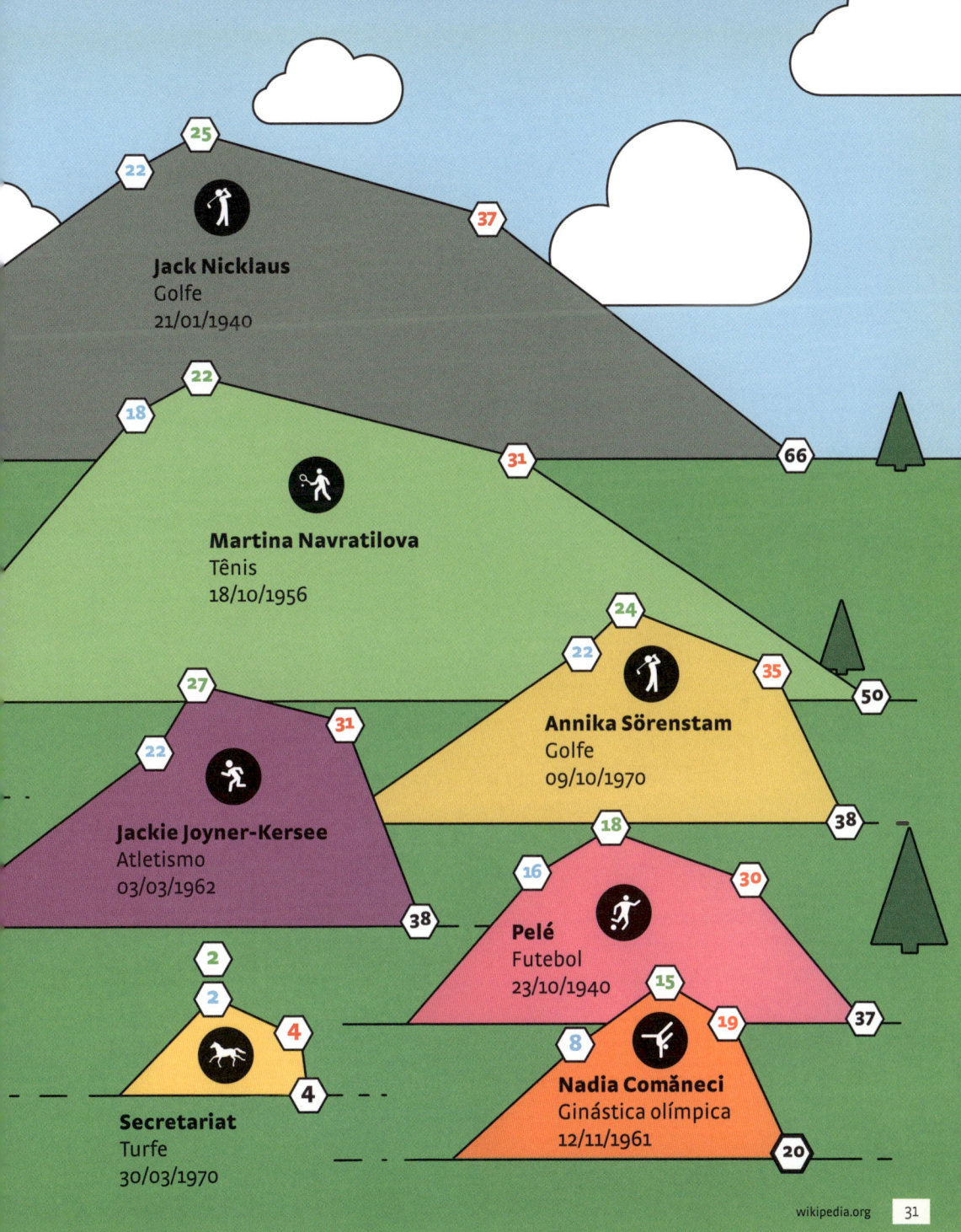

A VANTAGEM DA **SUPERFÍCIE**

Cada um dos quatro maiores torneios mundiais de tênis – os Grand Slams – é disputado em uma superfície diferente. Veja como o piso duro, a grama e o saibro afetam o esporte e a duração das partidas.

Slam

Lloyd (ING) X McNamee (AUS) — 1979: 63 / 232 / 54

Roddick (EUA) X El Aynaoui (MAR) — 2003: 83 / 229 / 71

Jogo mais longo

 EUA

 AUSTRÁLIA

Tipo de superfície

Piso duro (grama e saibro sintéticos)
1. Membrana geotêxtil e sistema de drenagem.
2. Calcário carbonífero ou granito.
3. Superfície-base de asfalto poroso.
4. Alfalto poroso agregado.
5. Superfície de grama artificial preenchida com areia. A grama artificial é estendida em rolos. Na camada superior, precisa ser colocada sobre uma base porosa de concreto ou asfalto, a fim de permitir a drenagem em caso de chuva.

Piso duro (acrílico)
1. Membrana geotêxtil.
2. Fundação.
3. Superfície-base de asfalto.
4. Camada de asfalto.
5. Sistema de amortecimento.
6. Cobertura de acrílico (PMMA) ou poliuretano (PU) com material agregado (brita).

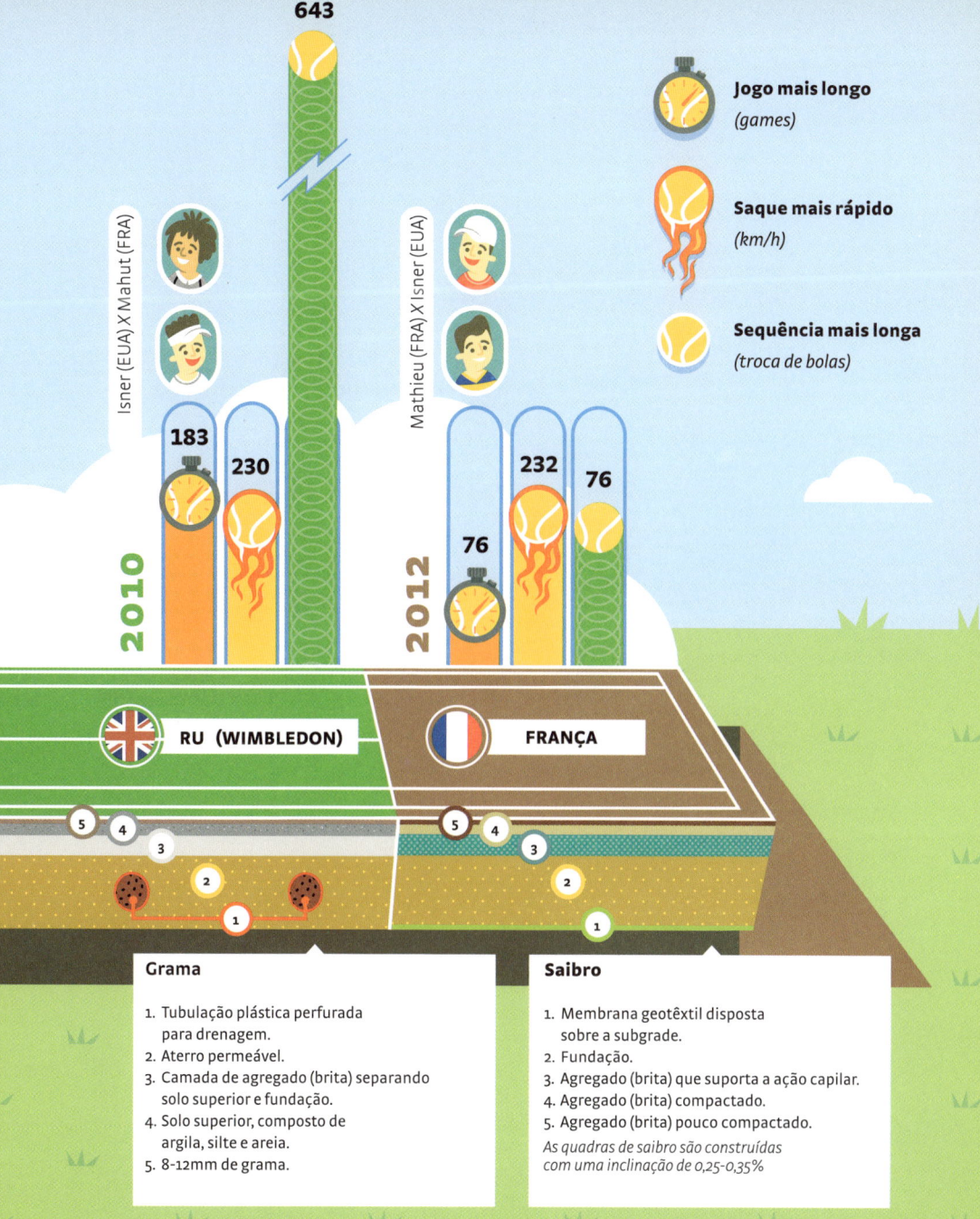

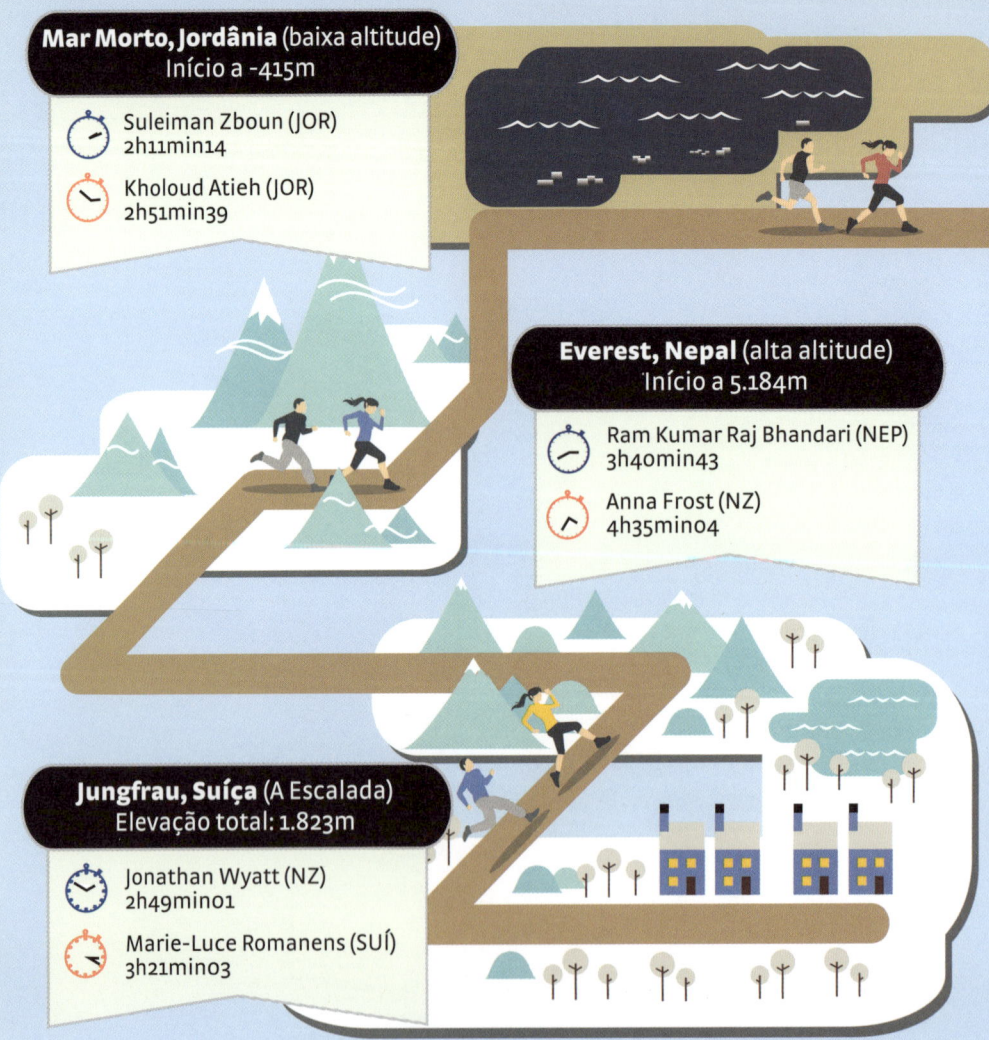

AS MARATONAS **MAIS PUXADAS**

Correr uma maratona no plano e em clima ameno já é difícil. Quando enfrentam terreno, altitude e clima extremos, então, os competidores precisam ser tão resistentes quanto um habitante do Himalaia – cruzado com uma cabra-montesa ou um urso polar!

Polo Norte (frio extremo)
Temperatura média: -30ºC

- Thomas Maguire (IRL) 3h36min10
- Anne-Marie Flammersfeld (ALE) 4h52min45

Grandfather Mountain, Boone, Carolina do Norte, EUA
(maior parte em aclive)
Início a 1.016m, fim a 1.304m

- Michael Harrison (EUA) 2h34min51
- Patti Shephard (EUA) 3h01min54

Saara (calor extremo)
Média de temperatura: 32ºC

- Rhamnia Abdelatif (ARG) 2h39min46
- Maria Dolores Jimenez Guardeño (ESP) 3h36min02

Blue Ridge, Roanoke, Virgínia, EUA (picos e depressões extremos)
2.194m de amplitude

- Jeff Powers (EUA) 2h52min24
- Lorraine Young (EUA) 3h13min46

jordantimes.com, hopeformarrow.org, northpolemarathon.com, saharamarathon.org, marathonguide.com, blueridgemarathon.com, nepalnews.com

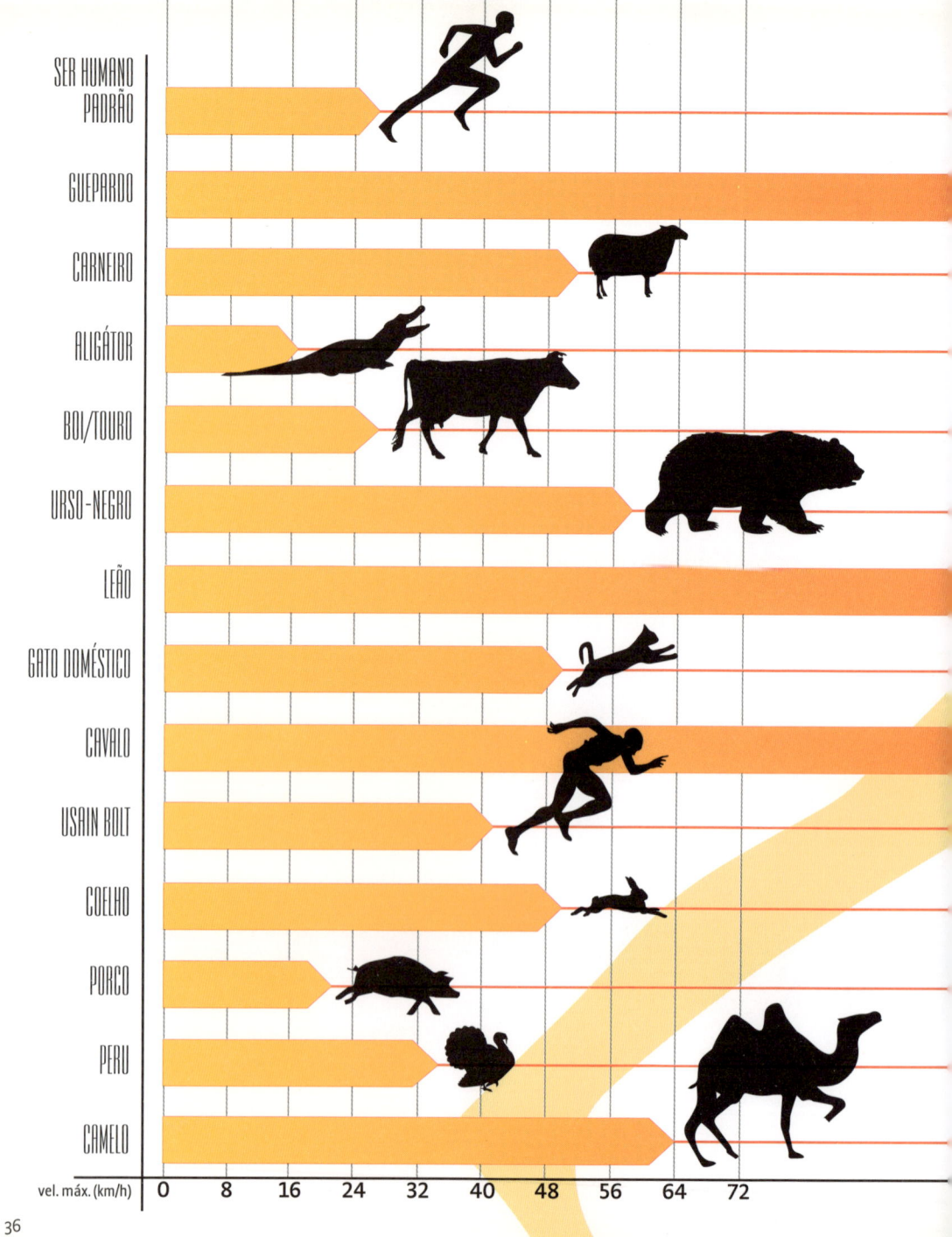

Animal	vel. máx. (km/h)
SER HUMANO PADRÃO	~24
GUEPARDO	~75
CARNEIRO	~45
ALIGÁTOR	~16
BOI/TOURO	~35
URSO-NEGRO	~50
LEÃO	~72
GATO DOMÉSTICO	~45
CAVALO	~70
USAIN BOLT	~44
COELHO	~50
PORCO	~17
PERU	~40
CAMELO	~64

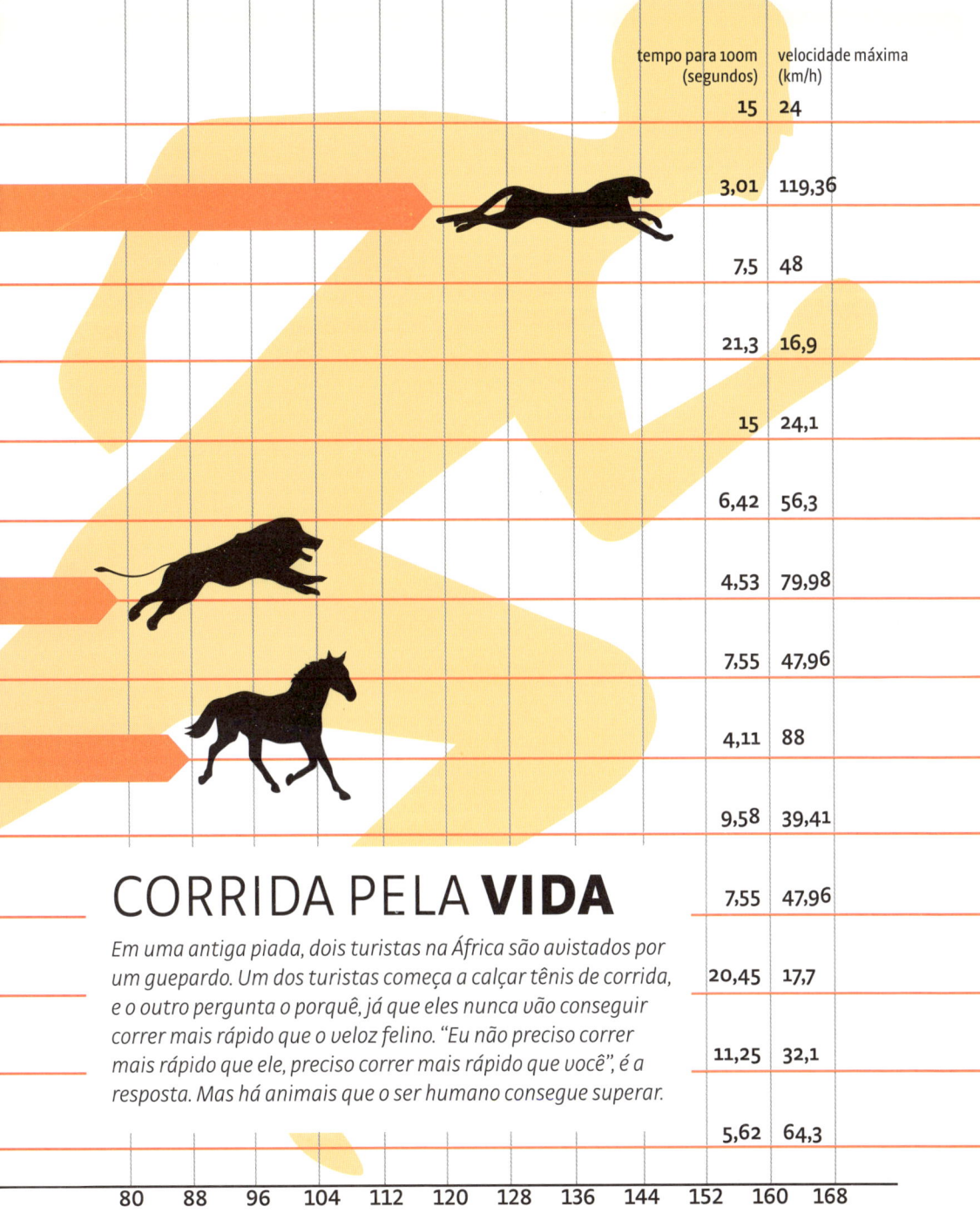

	tempo para 100m (segundos)	velocidade máxima (km/h)
	15	24
	3,01	119,36
	7,5	48
	21,3	16,9
	15	24,1
	6,42	56,3
	4,53	79,98
	7,55	47,96
	4,11	88
	9,58	39,41
	7,55	47,96
	20,45	17,7
	11,25	32,1
	5,62	64,3

80 88 96 104 112 120 128 136 144 152 160 168

CORRIDA PELA **VIDA**

Em uma antiga piada, dois turistas na África são avistados por um guepardo. Um dos turistas começa a calçar tênis de corrida, e o outro pergunta o porquê, já que eles nunca vão conseguir correr mais rápido que o veloz felino. "Eu não preciso correr mais rápido que ele, preciso correr mais rápido que você", é a resposta. Mas há animais que o ser humano consegue superar.

sanfermin.pamplona.es, speedofanimals.com

QUANDO UM ESPORTE
NÃO É UM ESPORTE?

A equipe que elaborou este livro não concorda com a European Sports Charter de 1992, publicada pelo Council of Europe. Nela se estabelece que o esporte deve, a um só tempo, envolver capacidade física, ser competitivo e apresentar resultados decididos quantitativamente, e não qualitativamente. Assim, achamos que alguns "esportes" olímpicos não deveriam estar na competição, enquanto outros...

BASQUETE — ESPORTE
XADREZ — NÃO É ESPORTE
ESQUI ESTILO LIVRE — ESPORTE
SALTO DE ESQUI — NÃO É ESPORTE

DARDOS — ESPORTE
JOGGING — NÃO É ESPORTE
MARATONA — ESPORTE
NATAÇÃO — ESPORTE

NADO SINCRONIZADO — NÃO É ESPORTE
MERGULHO — NÃO É ESPORTE
DANÇA DE SALÃO — NÃO É ESPORTE
PALAVRAS CRUZADAS — NÃO É ESPORTE

Eixos dos gráficos: Resultado quantitativo · Elemento físico · Competitivo

CORRIDA DE CAVALOS
Resultado quantitativo
Elemento físico
Competitivo
ESPORTE
HIPISMO (SALTOS)
Resultado quantitativo
Elemento físico
Competitivo
ESPORTE
HIPISMO (ADESTRAMENTO)
Resultado quantitativo
Elemento físico
Competitivo
NÃO É ESPORTE
BILHAR
Resultado quantitativo
Elemento físico
Competitivo
ESPORTE
BOXE (NOCAUTE TÉCNICO)
Resultado quantitativo
Elemento físico
Competitivo
ESPORTE
BOXE (POR PONTOS)
Resultado quantitativo
Elemento físico
Competitivo
NÃO É ESPORTE
TIDDLYWINKS*
Resultado quantitativo
Elemento físico
Competitivo
ESPORTE
BADMINTON
Resultado quantitativo
Elemento físico
Competitivo
ESPORTE
TÊNIS
Resultado quantitativo
Elemento físico
Competitivo
ESPORTE
GINÁSTICA ARTÍSTICA
Resultado quantitativo
Elemento físico
Competitivo
NÃO É ESPORTE
CABO DE GUERRA
Resultado quantitativo
Elemento físico
Competitivo
ESPORTE
TIRO
Resultado quantitativo
Elemento físico
Competitivo
ESPORTE
TIRO COM ARCO
Resultado quantitativo
Elemento físico
Competitivo
ESPORTE
BOLICHE
Resultado quantitativo
Elemento físico
Competitivo
ESPORTE
TAI CHI CHUAN
Resultado quantitativo
Elemento físico
Competitivo
NÃO É ESPORTE
FRISBEE
Resultado quantitativo
Elemento físico
Competitivo
ESPORTE

*Jogo em que se fazem pular pequenas fichas dentro de um vaso (fonte: Dicionário Michaelis).

QUEDA PARA A VITÓRIA

Segundo as leis da gravidade, um objeto pesado cai mais rápido na terra do que um leve. O esqui de descida livre é, para todos os efeitos, uma queda controlada, então seria de esperar que os esquiadores mais pesados ganhassem sempre dos mais leves. Mas os resultados do último Campeonato Mundial provam que isso está longe da verdade nas competições masculinas (3 dos 5 vencedores eram mais leves), embora faça sentido nas femininas (1 em 5 era mais leve).

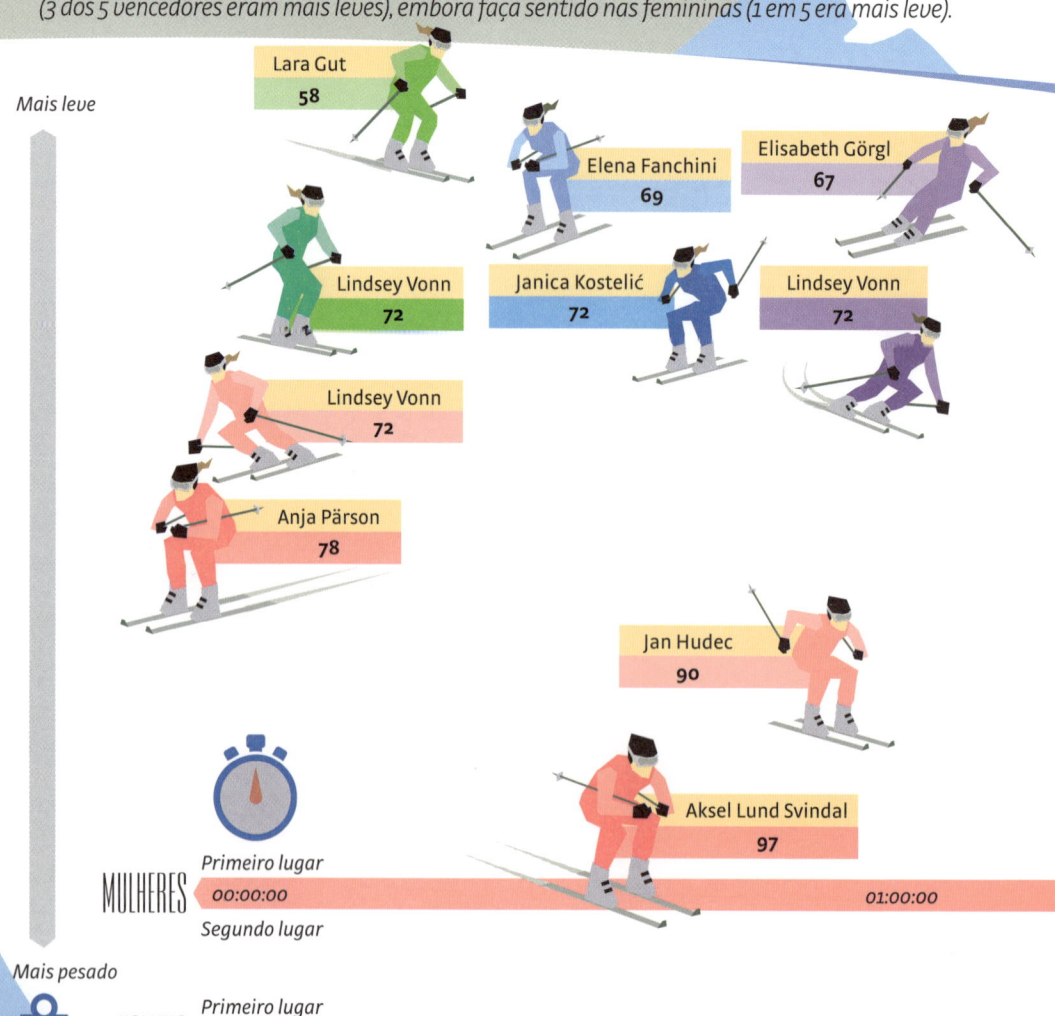

Mais leve

Lara Gut — 58

Elena Fanchini — 69

Elisabeth Görgl — 67

Lindsey Vonn — 72

Janica Kostelić — 72

Lindsey Vonn — 72

Lindsey Vonn — 72

Anja Pärson — 78

Jan Hudec — 90

Aksel Lund Svindal — 97

MULHERES
Primeiro lugar 00:00:00 — 01:00:00
Segundo lugar

Mais pesado

HOMENS
Primeiro lugar 00:00:00 — 01:00:00
Segundo lugar

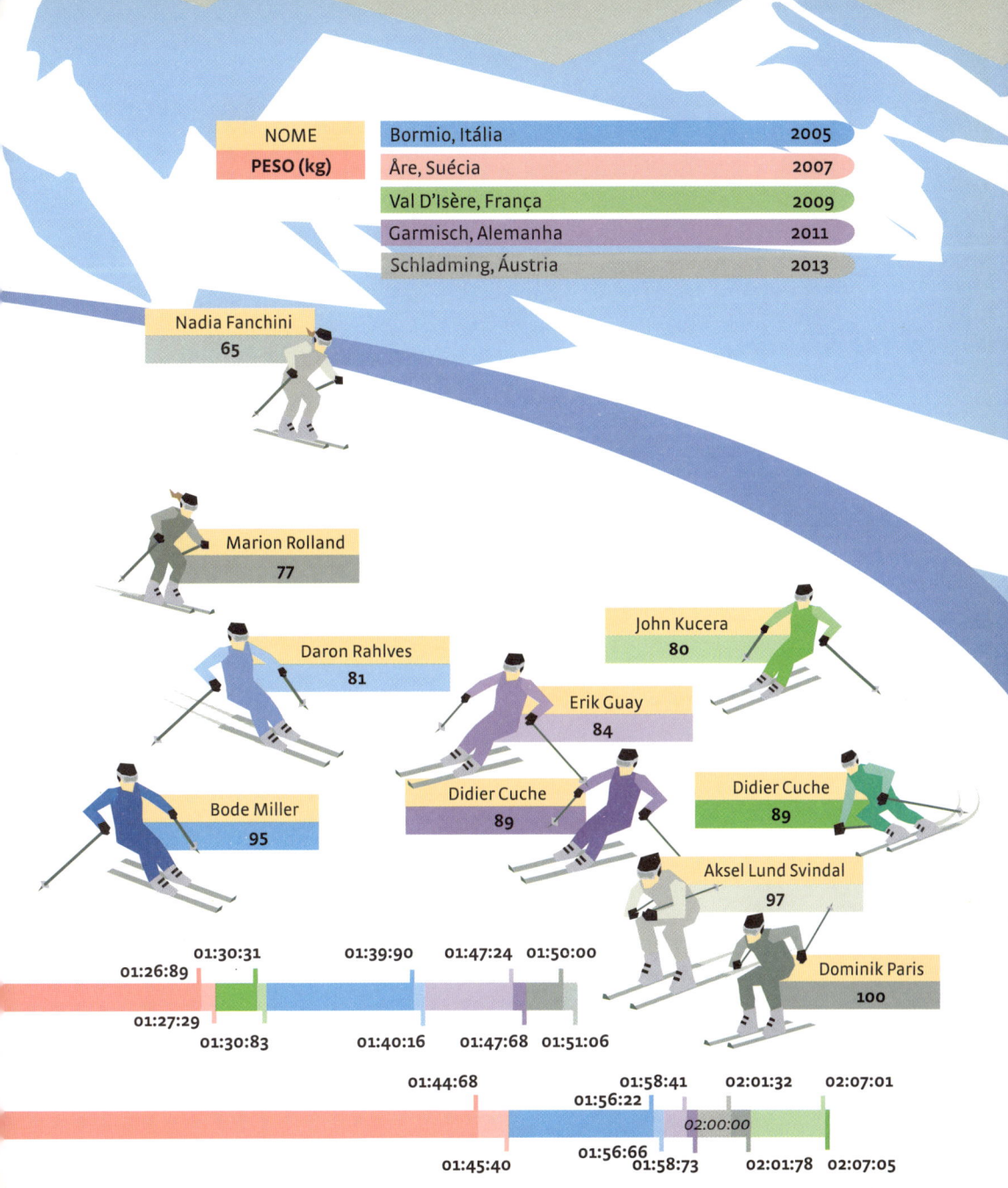

NOME	Bormio, Itália	2005
PESO (kg)	Åre, Suécia	2007
	Val D'Isère, França	2009
	Garmisch, Alemanha	2011
	Schladming, Áustria	2013

Nadia Fanchini 65

Marion Rolland 77

Daron Rahlves 81

John Kucera 80

Erik Guay 84

Bode Miller 95

Didier Cuche 89

Didier Cuche 89

Aksel Lund Svindal 97

Dominik Paris 100

01:26:89
01:27:29
01:30:31
01:30:83
01:39:90
01:40:16
01:47:24
01:47:68
01:50:00
01:51:06

01:44:68
01:45:40
01:56:22
01:56:66
01:58:41
01:58:73
02:00:00
02:01:32
02:01:78
02:07:01
02:07:05

ski-db.com 41

TORCIDA **PERIGOSA**

O cheerleading (a animação de torcida) surgiu como uma forma de as mulheres participarem dos jogos de futebol americano nas escolas secundárias dos EUA. Hoje, 29 high schools públicas norte-americanas o reconhecem como esporte. A International Cheer Union possui escritórios em 103 países e afirma ter crescido 18% por ano na última meia década nos EUA. Apesar dos perigos da atividade...

Total de emergências médicas femininas por esporte

- Basquete: 94.886
- Futebol: 70.043
- Softball: 52.986
- Cheerleading: 36.925
- Vôlei: 31.879

O cheerleading responde por 63% das contusões muito graves em mulheres na escola secundária (EUA) e por 56% das contusões em universidades (EUA).

Shields B. J., Smith G. A. Cheerleading-Related Injuries in the United States: A Prospective Surveillance Study. J Athl Train., 44.6 (2009), pp. 567-77.
Foley, E. Bird, H. "Extreme" or tariff sports: their injuries and their prevention (with particular reference to diving, cheerleading, gymnastics, and figure skating)., Clinical Rheumatology, 32.4 (2013), pp. 463-7.

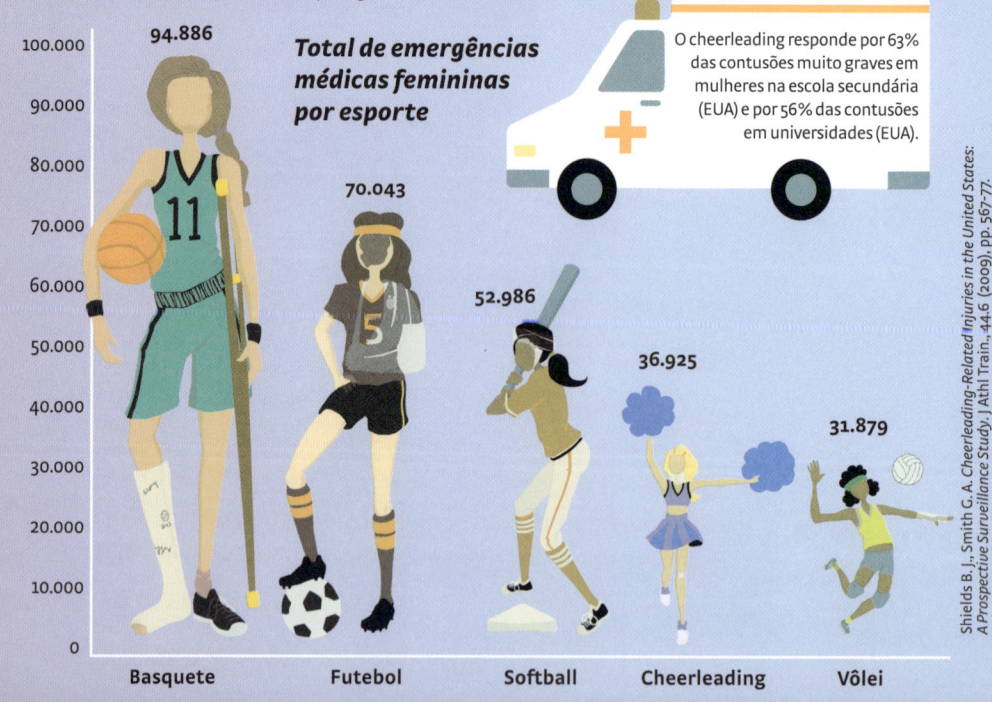

As contusões mais comuns entre as cheerleaders são:

- 53% — Torções e luxações
- 13%-18% — Escoriações, pisadas e hematomas
- 10%-16% — Fraturas e deslocamentos
- 4% — Lacerações e perfurações
- 3,5%-4% — Concussões e ferimentos na cabeça

POR QUE PING SE VOCÊ PODE PONG?

O spin (efeito de rotação) é uma arma vital no tênis de mesa. A potência do golpe pode render alguns pontos, mas é o efeito que garante a vitória. Veja três tipos de spin que podem ajudá-lo em uma partida.

1. TOP SPIN

Faça um movimento de cima para baixo, "raspando" a bola acima de seu eixo central. Com o top spin, a bola passa mais alto sobre a rede, mas, quando atinge a mesa, ganha aceleração e fica baixa.

O top spin do tenista Rafael Nadal tem em média 3.200rpm (mais de 53 rotações por segundo)

2. BACK SPIN

Um movimento de baixo para cima, "raspando" a bola abaixo do seu eixo central. Ela passará bem perto da rede e desacelerará ao tocar a mesa. O quique será mais alto do que o do top spin, mas o recebedor terá dificuldade para devolver, porque precisará levantar a bola para que ela passe da rede.

No beisebol, os melhores arremessadores obtêm média de 1.200rpm (20 rotações por segundo) em um slider (tipo de arremesso em que a bola muda o curso subitamente para a lateral e para baixo)

3. SIDE SPIN

O movimento de "raspar" a bola no lado esquerdo pode criar um efeito de rotação que a faz quicar para a direita ao atingir a mesa. Esse golpe pode ser usado tanto com um top spin quanto com um back spin.

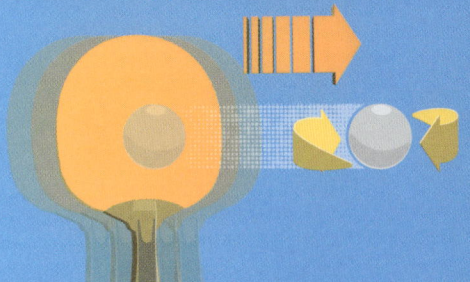

Futebol americano: um passe com efeito espiral de um bom quarterback pode atingir 500rpm (mais de 8 rotações por segundo)

4. SURPRESA

O elemento-surpresa ou disfarce é crucial. Se conseguir mandar uma bola com top spin sem o oponente perceber, a devolução dele provavelmente será mais forte do que deveria, e a bola sairá. Com um back spin, será mais fraca, e a bola ficará na rede.

Tênis de mesa: a bola cumpre rotação de 9.000rpm (mais de 150 rotações por segundo)

OS **MELHORES** ANIMAIS ESPORTISTAS

Alguns animais competem carregando seres humanos, outros não precisam de nenhuma assistência. A corrida de cavalos é o Esporte dos Reis, mas o que dizer da de caracóis? Ambas são excelentes de assistir e, como qualquer outro esporte que reúne animais, produziram verdadeiros supercampeões. Esta é uma amostra dos maiores.

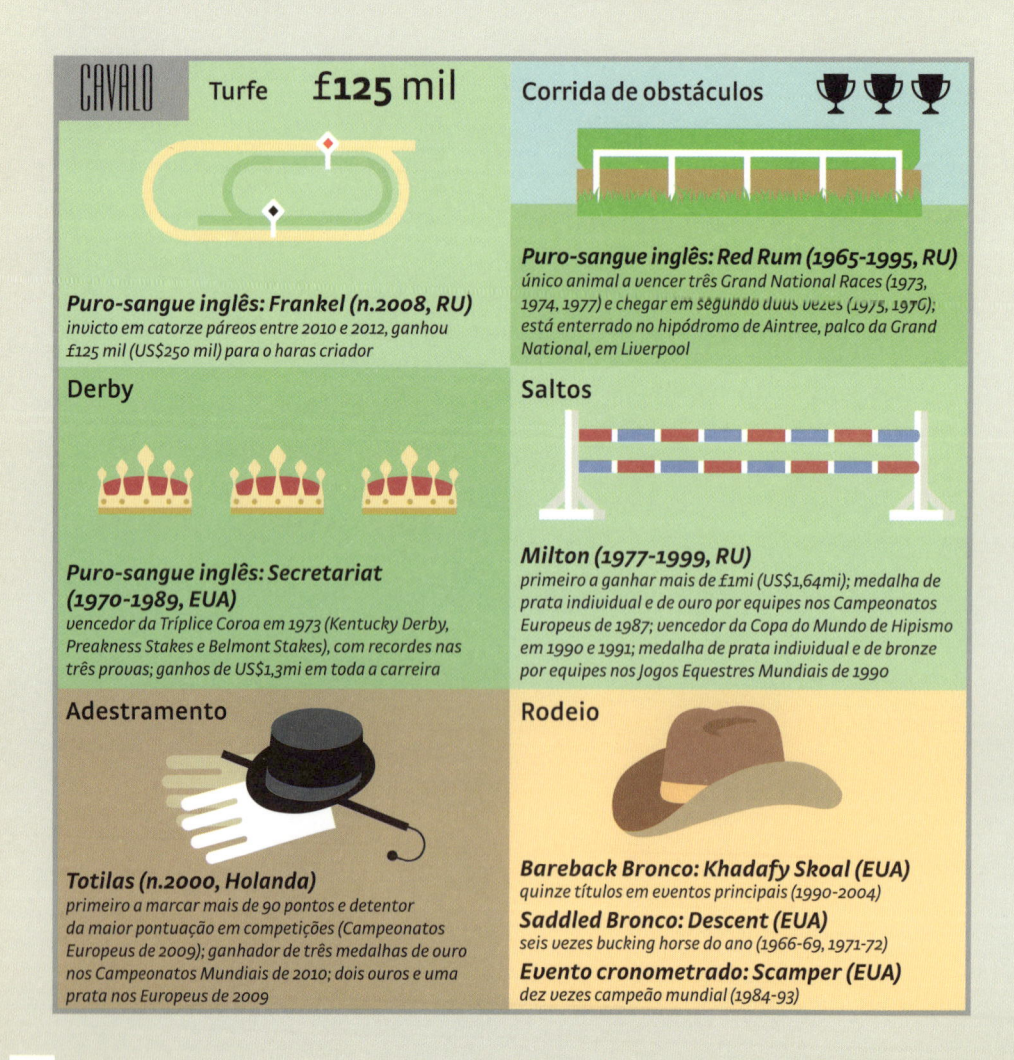

CAVALO

Turfe — £125 mil

Puro-sangue inglês: Frankel (n.2008, RU)
invicto em catorze páreos entre 2010 e 2012, ganhou £125 mil (US$250 mil) para o haras criador

Corrida de obstáculos

Puro-sangue inglês: Red Rum (1965-1995, RU)
único animal a vencer três Grand National Races (1973, 1974, 1977) e chegar em segundo duas vezes (1975, 1976); está enterrado no hipódromo de Aintree, palco da Grand National, em Liverpool

Derby

Puro-sangue inglês: Secretariat (1970-1989, EUA)
vencedor da Tríplice Coroa em 1973 (Kentucky Derby, Preakness Stakes e Belmont Stakes), com recordes nas três provas; ganhos de US$1,3mi em toda a carreira

Saltos

Milton (1977-1999, RU)
primeiro a ganhar mais de £1mi (US$1,64mi); medalha de prata individual e de ouro por equipes nos Campeonatos Europeus de 1987; vencedor da Copa do Mundo de Hipismo em 1990 e 1991; medalha de prata individual e de bronze por equipes nos Jogos Equestres Mundiais de 1990

Adestramento

Totilas (n.2000, Holanda)
primeiro a marcar mais de 90 pontos e detentor da maior pontuação em competições (Campeonatos Europeus de 2009); ganhador de três medalhas de ouro nos Campeonatos Mundiais de 2010; dois ouros e uma prata nos Europeus de 2009

Rodeio

Bareback Bronco: Khadafy Skoal (EUA)
quinze títulos em eventos principais (1990-2004)

Saddled Bronco: Descent (EUA)
seis vezes bucking horse do ano (1966-69, 1971-72)

Evento cronometrado: Scamper (EUA)
dez vezes campeão mundial (1984-93)

CACHORRO — Corrida de galgos

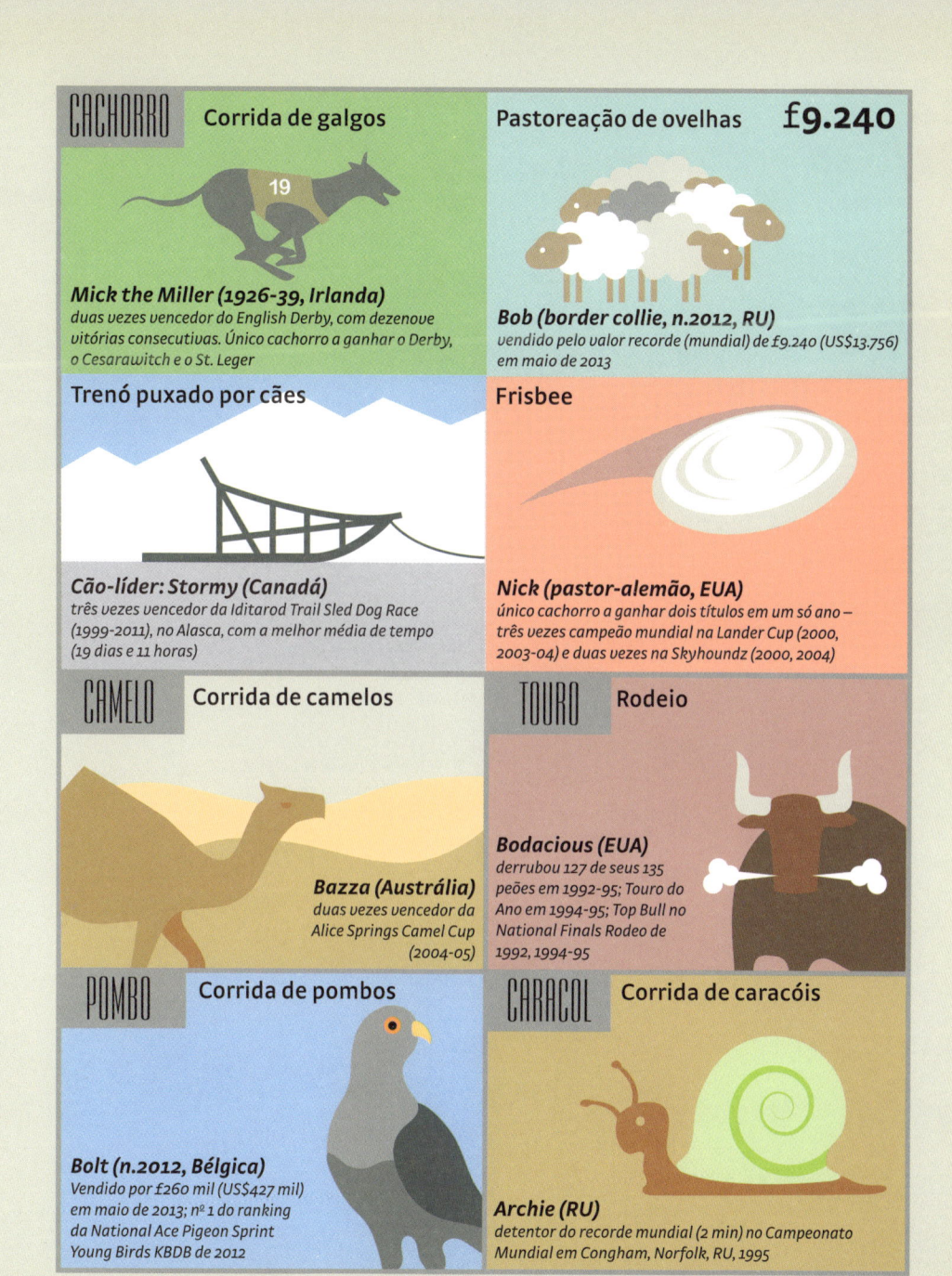

Mick the Miller (1926-39, Irlanda)
duas vezes vencedor do English Derby, com dezenove vitórias consecutivas. Único cachorro a ganhar o Derby, o Cesarawitch e o St. Leger

Pastoreação de ovelhas — £9.240

Bob (border collie, n.2012, RU)
vendido pelo valor recorde (mundial) de £9.240 (US$13.756) em maio de 2013

Trenó puxado por cães

Cão-líder: Stormy (Canadá)
três vezes vencedor da Iditarod Trail Sled Dog Race (1999-2011), no Alasca, com a melhor média de tempo (19 dias e 11 horas)

Frisbee

Nick (pastor-alemão, EUA)
único cachorro a ganhar dois títulos em um só ano – três vezes campeão mundial na Lander Cup (2000, 2003-04) e duas vezes na Skyhoundz (2000, 2004)

CAMELO — Corrida de camelos

Bazza (Austrália)
duas vezes vencedor da Alice Springs Camel Cup (2004-05)

TOURO — Rodeio

Bodacious (EUA)
derrubou 127 de seus 135 peões em 1992-95; Touro do Ano em 1994-95; Top Bull no National Finals Rodeo de 1992, 1994-95

POMBO — Corrida de pombos

Bolt (n.2012, Bélgica)
Vendido por £260 mil (US$427 mil) em maio de 2013; nº 1 do ranking da National Ace Pigeon Sprint Young Birds KBDB de 2012

CARACOL — Corrida de caracóis

Archie (RU)
detentor do recorde mundial (2 min) no Campeonato Mundial em Congham, Norfolk, RU, 1995

guardian.com, bbc.co.uk/sport, horsecarecourses.com, skyhoundz.com, wikipedia.org, prorodeohalloffame.com, camelcup.com.au, snailracing.net

BOSSABALL

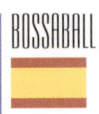

Equipamento exigido
Camas elásticas, rede e bola de vôlei, times de 4-5 jogadores.
Como jogar Um jogador de cada time fica na cama elástica, os demais, na quadra, acolchoada. Como no vôlei normal, o objetivo é fazer a bola atingir o campo adversário (não a cama elástica). Qualquer parte do corpo pode ser usada para manter a bola no ar.

CAMPEONATOS MUNDIAIS DE BARBA E BIGODE

Equipamento exigido
Pelos faciais exóticos.
Como jogar Nos dois anos de intervalo entre as competições, deixe a barba crescer e cuide dela para entrar em uma das dezoito categorias.

HAKA PEI

Equipamento exigido
Dois troncos de bananeira e um declive de 45º com pelo menos 120m.
Como jogar Nessa atividade festiva típica do povo rapa nui, da ilha de Páscoa (Chile), cada competidor sobe em um "trenó" formado por dois troncos de bananeira amarrados e, sem nenhuma roupa protetora, desce um morro a velocidades que chegam a 80km/h. Quem consegue se manter no "trenó" até o fim do percurso ganha pontuação extra.

CORRIDA DO QUEIJO

Equipamento exigido
Queijos de Gloucester e um morro.
Como jogar Cada participante rola seu queijo colina abaixo e sai na perseguição a ele – o primeiro a cruzar a linha de chegada é o vencedor. Quem consegue apanhar o queijo na corrida antes da chegada ganha prêmios extras.

VINKENSPORT

Equipamento exigido
Gaiola de passarinho, um pardal ou canário e um banquinho.
Como jogar Anote quantos pios seu passarinho dá no intervalo de 60 minutos.

CARREGAR A ESPOSA

Equipamento exigido
Uma esposa, uma pista com obstáculos e senso de humor.
Como jogar Os competidores devem carregar a esposa por uma pista de obstáculos no tempo mais rápido possível, sem deixá-la cair.

JOGOS BOBOS

Tem gente que não se satisfaz com os mesmos esportes que todo mundo – então inventa outros, cheios de extras meio bobos. Na Espanha, joga-se vôlei com o auxílio de cama elástica. Na Finlândia, os 100m do atletismo são cumpridos carregando a esposa nas costas. Veja alguns dos "esportes" mais bobos do mundo.

RADBALL OU CYCLEBALL

Equipamento exigido
Bicicletas com rodas de pinhão fixo, sem freios, 2 jogadores por equipe, uma bola de futebol e duas traves.
Como jogar A bola pode ser chutada, cabeceada ou cutucada com a bicicleta no gol do adversário. Os goleiros podem usar as mãos.

CAIAQUE DE ABÓBORA GIGANTE

Equipamento exigido
Uma abóbora gigante escavada em forma de caiaque, um remo e um colete salva-vidas.
Como jogar
Reme até a linha de chegada.

PALANT

Equipamento exigido
Um taco de beisebol, uma bola de beisebol e um pateta.
Como jogar Atire a bola no pateta com o taco. Toda vez que acertar nele, você marca pontos.

DUELO MEDIEVAL NA ÁGUA

Equipamento exigido
Um barco a remo com plataforma, um escudo e uma vara de madeira, equipe com 8-10 remadores.
Como jogar Os duelistas ficam em pé, cada um no seu barco, e são remados um em direção ao outro a fim de tentar derrubar seu oponente na água.

JOGO ESQUIMÓ DE PUXAR A BOCA

Equipamento exigido
Dedos, uma boca, limiar de dor bem alto.
Como jogar Os participantes ficam lado a lado, enfiam o dedo em gancho na boca do oponente e puxam. Quem desistir primeiro perde.

BUZKASHI

Equipamento exigido
Cavalos, um bode morto (decapitado), traves (3,5m x 1,5m) e campo de 400m².
Como jogar Equipes de 10, mas só 5 por vez no campo, jogam dois tempos de 45 minutos por partida. Os cavaleiros não devem chicotear de propósito seus oponentes. O objetivo é arrastar ou jogar a carcaça do bode no gol adversário.

wikipedia.org

ÀS SUAS MARCAS

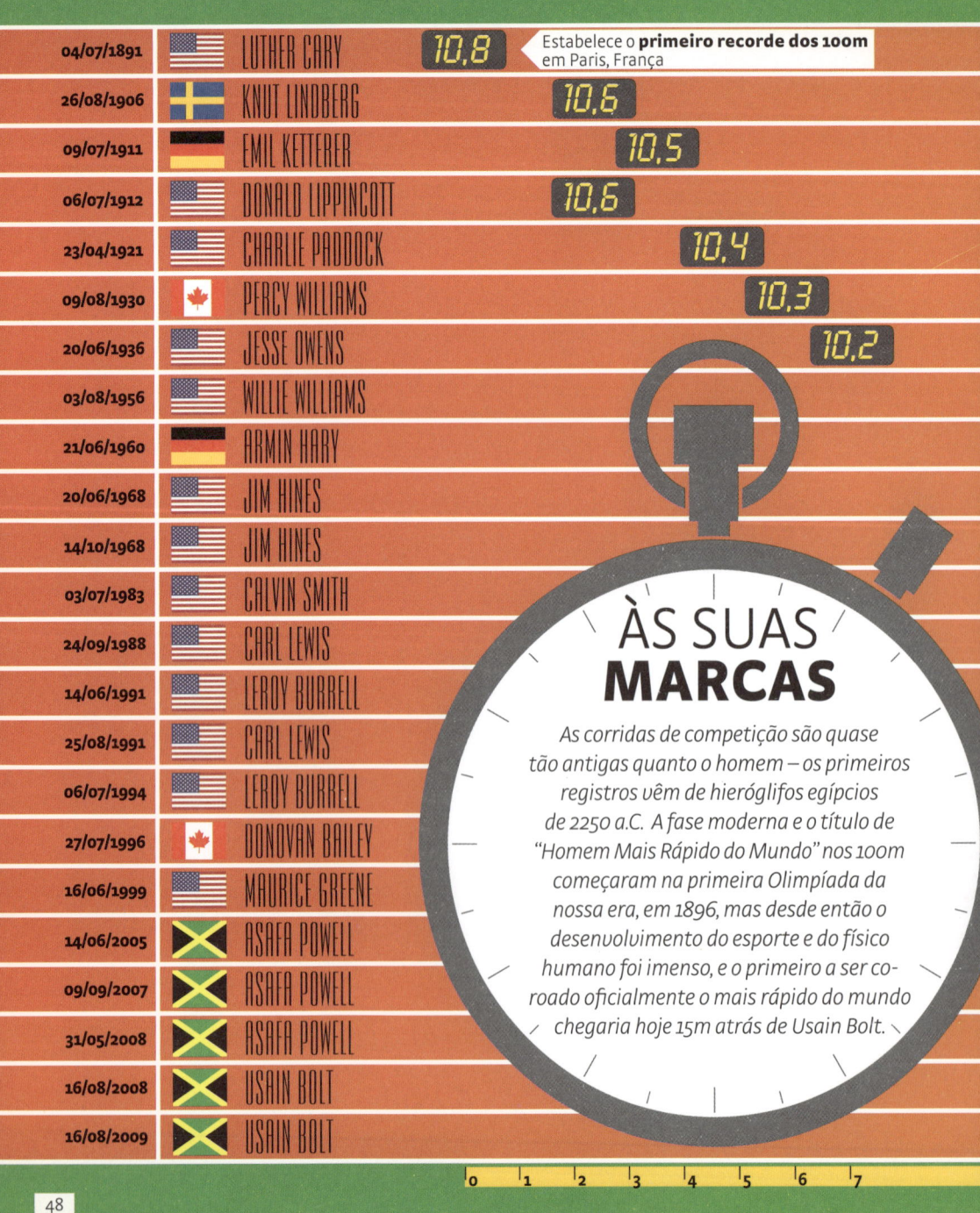

As corridas de competição são quase tão antigas quanto o homem – os primeiros registros vêm de hieróglifos egípcios de 2250 a.C. A fase moderna e o título de "Homem Mais Rápido do Mundo" nos 100m começaram na primeira Olimpíada da nossa era, em 1896, mas desde então o desenvolvimento do esporte e do físico humano foi imenso, e o primeiro a ser coroado oficialmente o mais rápido do mundo chegaria hoje 15m atrás de Usain Bolt.

Data	País	Atleta	Tempo
04/07/1891	🇺🇸	LUTHER CARY	10,8 — Estabelece o **primeiro recorde dos 100m** em Paris, França
26/08/1906	🇸🇪	KNUT LINDBERG	10,6
09/07/1911	🇩🇪	EMIL KETTERER	10,5
06/07/1912	🇺🇸	DONALD LIPPINCOTT	10,6
23/04/1921	🇺🇸	CHARLIE PADDOCK	10,4
09/08/1930	🇨🇦	PERCY WILLIAMS	10,3
20/06/1936	🇺🇸	JESSE OWENS	10,2
03/08/1956	🇺🇸	WILLIE WILLIAMS	
21/06/1960	🇩🇪	ARMIN HARY	
20/06/1968	🇺🇸	JIM HINES	
14/10/1968	🇺🇸	JIM HINES	
03/07/1983	🇺🇸	CALVIN SMITH	
24/09/1988	🇺🇸	CARL LEWIS	
14/06/1991	🇺🇸	LEROY BURRELL	
25/08/1991	🇺🇸	CARL LEWIS	
06/07/1994	🇺🇸	LEROY BURRELL	
27/07/1996	🇨🇦	DONOVAN BAILEY	
16/06/1999	🇺🇸	MAURICE GREENE	
14/06/2005	🇯🇲	ASAFA POWELL	
09/09/2007	🇯🇲	ASAFA POWELL	
31/05/2008	🇯🇲	ASAFA POWELL	
16/08/2008	🇯🇲	USAIN BOLT	
16/08/2009	🇯🇲	USAIN BOLT	

1896 Primeiros Jogos Olímpicos modernos, realizados em Atenas, Grécia

Fim da década de 1890: J. W. Foster and Sons (atual Reebok) introduz as sapatilhas de corrida com travas

Estabelece o primeiro recorde ratificado pela IAAF, em Estocolmo, Suécia

17/07/1912 Primeiro Congresso da International Association of Athletics Federations

1925 Adi Dassler (Adidas) produz sapatilhas com travas forjadas à mão para diferentes distâncias

1929 Charlie Booth (Austrália) inventa os blocos de partida

1932 Nas Olimpíadas de Los Angeles, a Omega introduz a Câmera Kirby e o Photo-Finish

1937 A IAAF sanciona o uso de blocos de partida

1938 A IAAF determina que nenhum recorde será válido se não houver um medidor de vento, e que o vento máximo a favor é de 2m/s

10,1 — **Década de 1950** São introduzidas as pistas sintéticas de asfalto ou de asfalto e borracha

10,0

9,9 — **Meados da década de 1960** A 3M introduz pistas Tartan™ Track de poliuretano para qualquer condição climática

9,95 — Primeiro tempo abaixo de 10s cronometrado e ratificado automaticamente, na Cidade do México

9,93 — **1977** A cronometragem automática só é aceita como critério para recordes mundiais

9,92

9,90

9,86

9,85

9,84

9,79

9,77 — **Década de 2000** Introdução das sapatilhas com travas com tacão mínimo (para reduzir peso)

9,74

9,72

9,69

9,58

8 | 9 | 10 | 11 | 12 | 13 | 14 | 15 metros

trackandfield.about.com, wikipedia.org, webarchive.org, runblogrun.com

SUPERMULHER ESPORTISTA

Se uma superesportista pudesse ser construída a partir das partes separadas de grandes estrelas do esporte, ela teria o seguinte aspecto.

Cabeça
Kati Luoto, a mulher mais forte do mundo em 2013 (Finlândia)

Mão direita
Trina Gulliver, 9 x campeã mundial do jogo de dardos (GBR)

Ombros
Liu Zige, detentora do recorde mundial dos 200m borboleta (China)

Braço direito
Nicola Adams, primeira campeã olímpica de boxe (GBR)

Braço esq.
Li Xuerui, 1ª do mundo e medalha olímpica de badminton (China)

Torso
Natascha Badmann, 6 x campeã mundial do Triathlon Ironman (Suíça)

Unhas
Florence Griffith-Joyner, velocista, 4 ouros olímpicos (EUA)

Mão esq.
Renée Reizman, campeã de fliperama em 2013 (EUA)

Quadris
Sasha Kenney, recorde mundial de Maratona com Bambolê (GBR)

Glúteos
Jang Mi-Ran, 4 x campeã mundial de levantamento de peso na categoria de superpesos-pesados (Coreia do Sul)

Perna dir.
Caterine Ibargüen, campeã mundial de salto triplo (Colômbia)

Perna esq.
Hwang Kyung-Seon, taekwon-do (Coreia do Sul)

Pé direito
Abby Wambach, maior artilheira do futebol internacional (159 gols) (EUA)

Pé esq.
Maria Krivoshapkina, campeã mundial de kickboxing em 2013 (Rússia)

SUPER-HOMEM
ESPORTISTA

Se um superesportista pudesse ser construído com partes separadas de astros do esporte, ele teria o seguinte aspecto.

Cabeça
Bruce Khlebnikov, puxou 3 bondes por 7m com o cabelo (Rússia)

Braço dir.
Jan Železný, campeão de arremesso de dardo (República Tcheca)

Ombros
Michael Jordan, basquete (EUA)

Mão esq.
Allen Fisher, 26 títulos mundiais de braço de ferro (EUA)

Braço esq.
Rafael Nadal, tênis (Espanha)

Mão direita
Phil 'The Power' Taylor, campeão de lançamento de dardos (GBR)

Torso
Arnold Schwarzenegger, fisiculturista (Áustria)

Quadris
Babe Ruth, beisebol (EUA)

Perna dir.
Bruce Lee, campeão de artes marciais (Hong Kong)

Glúteos
Usain Bolt, velocista (Jamaica)

Pé direito
Arulanantham Suresh Joachim, ficou num pé só por 76 horas e 40 minutos (Sri Lanka)

Perna esq.
Michael Johnson, velocista (EUA)

Pé esq.
Lionel Messi, futebolista (Argentina)

OS PAIS DOS CAVALOS

🐴 ÁRABE GODOLPHIN
🐴 TURCO BYERLEY
🐴 ÁRABE DARLEY

F= Fêmea **M**= Macho

- 1777 — Diomed — M
- 1782 — Trumpator — M
- 1790 — Waxy — M
- 1790 — Young Giantess — F
- 1796 — Sorcerer — M
- 1798 — Eleanor — F
- 1807 — Whalebone — M
- 1809 — Comus — M
- 1810 — Muley — M
- 1822 — Humphrey Clinker — M
- 1826 — Sir Hercules — M
- 1830 — Marpessa — F
- 1833 — Birdcatcher — M
- 1834 — Melbourne — M
- 1837 — Pocahontas — F
- 1842 — The Baron — M
- 1849 — Stockwell — M
- 1850 — West Australian — M
- 1851 — King Tom — M
- 1858 — Australian — M
- 1865 — St. Angela — F
- 1870 — Doncaster — M
- 1876 — Spendthrift — M
- 1877 — Bend Or — M
- 1881 — St. Simon — M
- 1889 — Bona Vista — M
- 1893 — Hastings — M
- 1893 — St. Frusquin — M
- 1895 — Cyllene — M
- 1902 — Polymelus — M
- 1905 — Fair Play — M
- 1907 — Rosedrop — F
- 1915 — Gainsborough — M
- 1923 — Phalaris — M
- 1923 — Display — M
- 1924 — Sickle — M
- 1928 — Mah Mahal — F

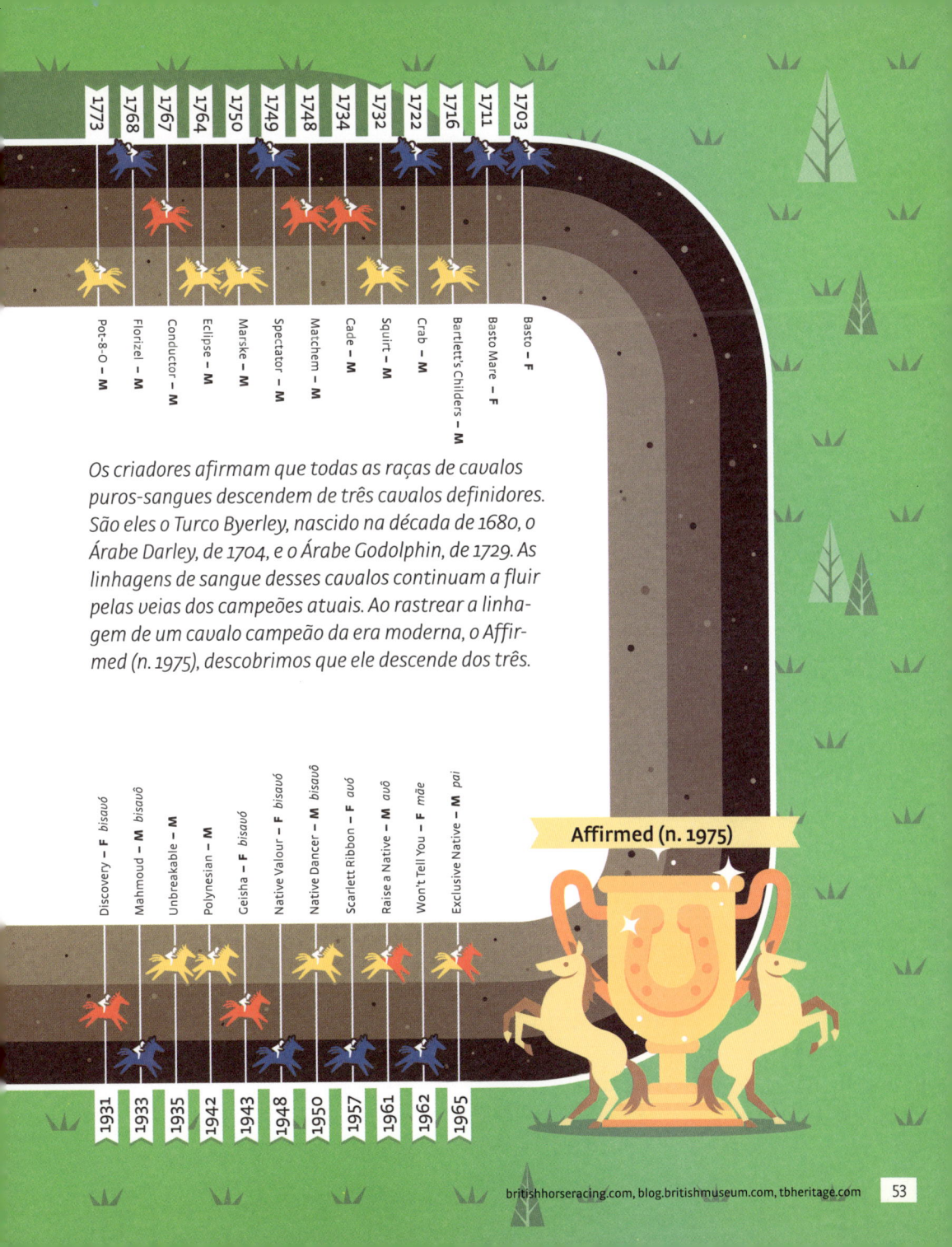

| 1773 | 1768 | 1767 | 1764 | 1750 | 1749 | 1748 | 1734 | 1732 | 1722 | 1716 | 1711 | 1703 |

Pot-8-O — M | Florizel — M | Conductor — M | Eclipse — M | Marske — M | Spectator — M | Matchem — M | Cade — M | Squirt — M | Crab — M | Bartlett's Childers — M | Basto Mare — F | Basto — F

Os criadores afirmam que todas as raças de cavalos puros-sangues descendem de três cavalos definidores. São eles o Turco Byerley, nascido na década de 1680, o Árabe Darley, de 1704, e o Árabe Godolphin, de 1729. As linhagens de sangue desses cavalos continuam a fluir pelas veias dos campeões atuais. Ao rastrear a linhagem de um cavalo campeão da era moderna, o Affirmed (n. 1975), descobrimos que ele descende dos três.

Discovery — F *bisavô* | Mahmoud — M *bisavô* | Unbreakable — M | Polynesian — M | Geisha — F *bisavô* | Native Valour — F *bisavô* | Native Dancer — M *bisavô* | Scarlett Ribbon — F *avó* | Raise a Native — M *avô* | Won't Tell You — F *mãe* | Exclusive Native — M *pai*

Affirmed (n. 1975)

| 1931 | 1933 | 1935 | 1942 | 1943 | 1948 | 1950 | 1957 | 1961 | 1962 | 1965 |

britishhorseracing.com, blog.britishmuseum.com, tbheritage.com

SALA DE EMERGÊNCIA

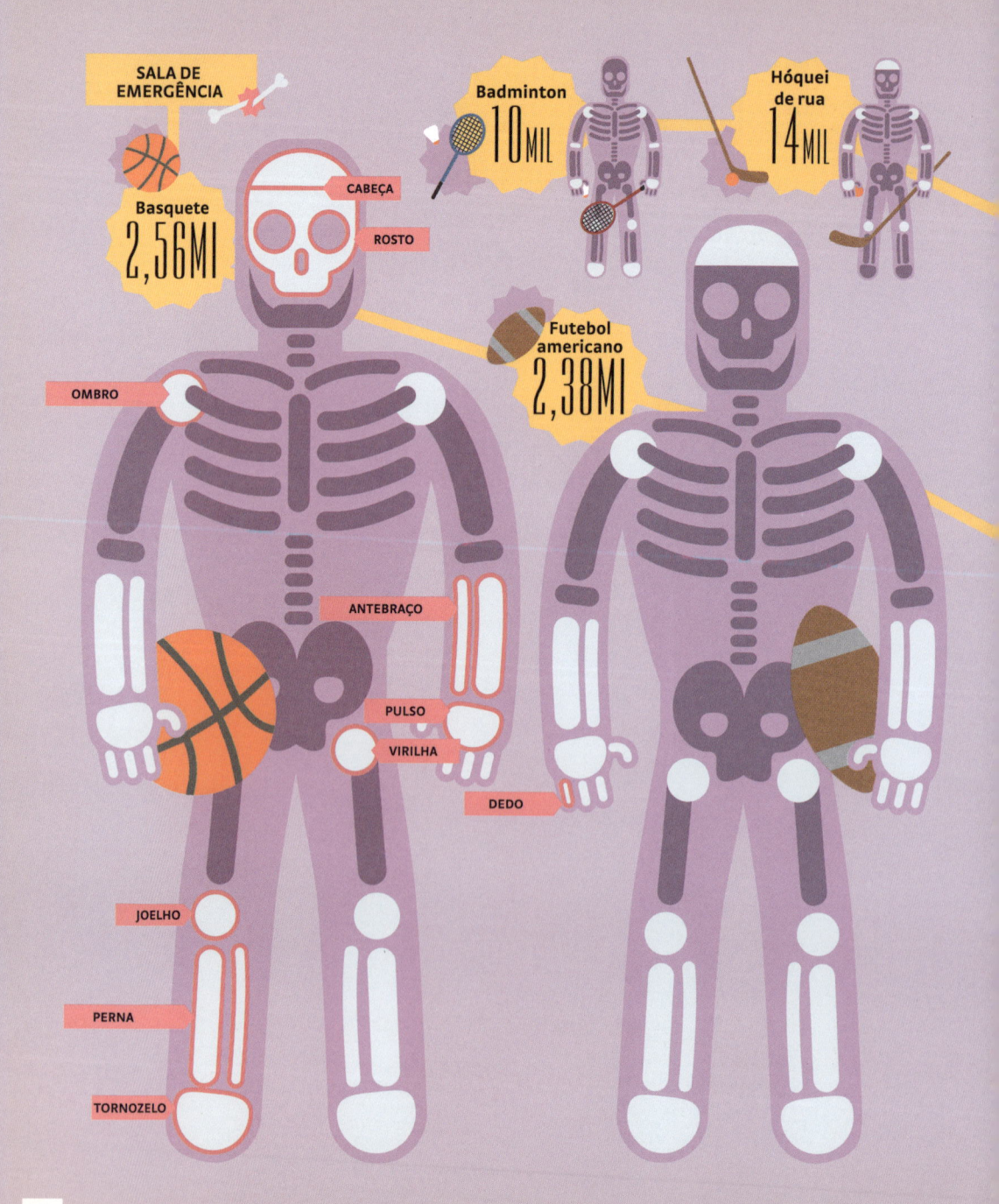

Basquete 2,56 MI

Badminton 10 MIL

Hóquei de rua 14 MIL

Futebol americano 2,38 MI

- CABEÇA
- ROSTO
- OMBRO
- ANTEBRAÇO
- PULSO
- VIRILHA
- DEDO
- JOELHO
- PERNA
- TORNOZELO

BOLAS PERIGOSAS

Dados anuais dos prontos-socorros americanos sugerem que os esportes mais perigosos envolvem bolas de diferentes tamanhos, das pequenas (golfe) ou em forma de charuto (futebol americano) até as com penas (badminton). Veja que bolas produzem mais danos e em quais partes do corpo.

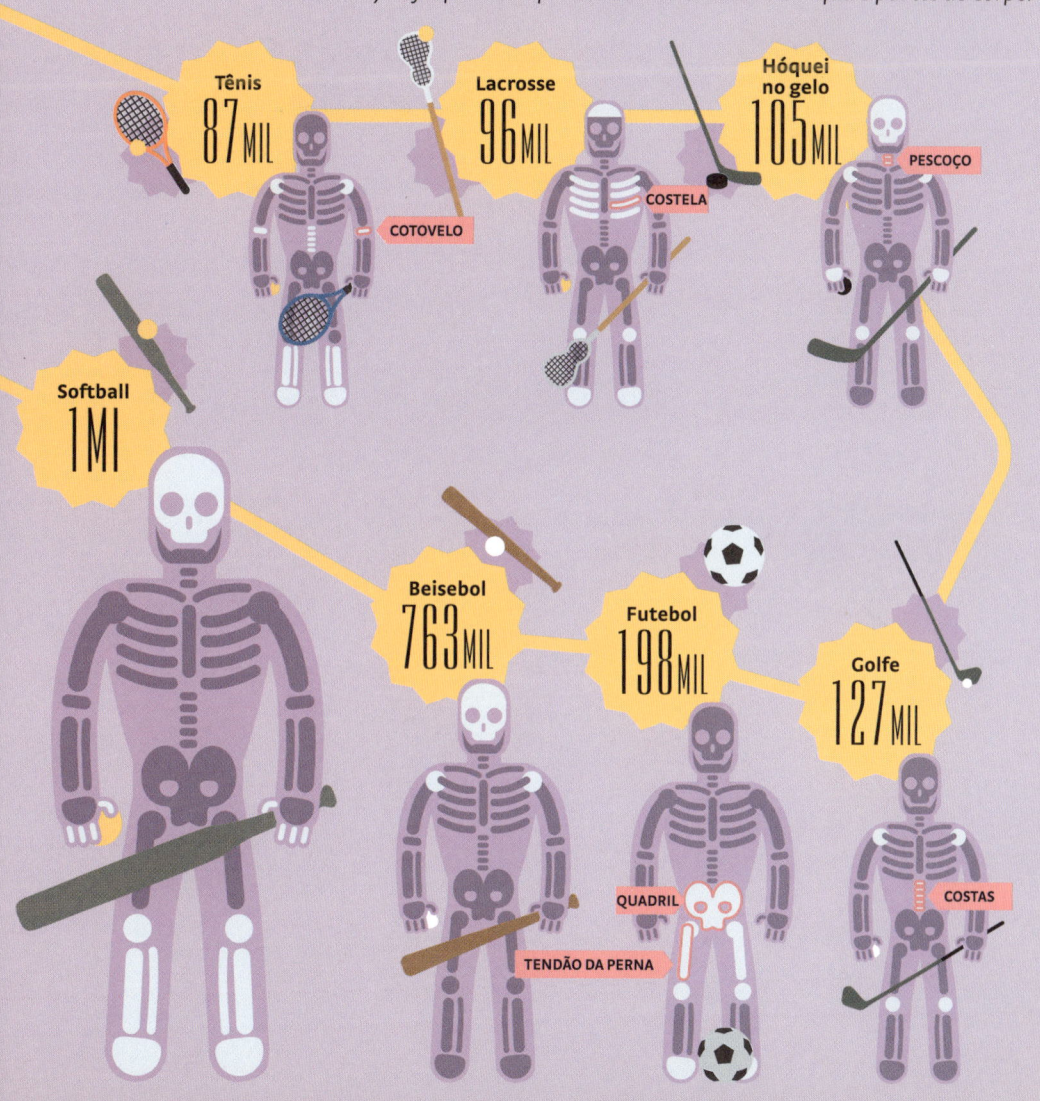

Tênis 87 MIL — COTOVELO

Lacrosse 96 MIL — COSTELA

Hóquei no gelo 105 MIL — PESCOÇO

Softball 1 MI

Beisebol 763 MIL — TENDÃO DA PERNA

Futebol 198 MIL — QUADRIL

Golfe 127 MIL — COSTAS

upmc.com, physioroom.com, advancedphysicalmedicine.org, cpcs.gov, nsga.org, sportsinjurybulletin.com

TESTES
Partidas

200

(Os Segundos Melhores: Steve Waugh e Ricky Ponting, 168)

"Runs" na carreira 15.921
Ricky Ponting: 13.378

Centuries 51
Jacques Kallis: 45

Fifties* 68
Rahul Dravid/Allan Border: 63
(*Que não viraram 100s)

6s - 69

4s - 2058
Rahul Dravid: 1654

ONE DAY INTERNATIONALS
Partidas

463

(O Segundo Melhor: Sanath Jayasuryia, 445)

"Runs" na carreira 18.426
Ricky Ponting: 13.704

Centuries 49
Ricky Ponting: 30

Fifties* 96
Jacques Kallis: 86
(*Que não viraram 100s)

6s - 195

4s - 2016
Sanath Jayasuryia: 1500

OS ESPORTISTAS MAIS POPULARES DO MUNDO

Por jogar críquete, um esporte quase desconhecido em algumas partes do mundo, Sachin Tendulkar é praticamente desconhecido nesses lugares. Mas, na Índia, avalia-se que tenha mais de 1,2 bilhão de fãs. Essa cifra mostra o quanto é amado por seus conterrâneos e o quanto ainda tem que conquistar para eclipsar a fama nas mídias sociais de outros grandes astros do esporte.

ESPORTISTAS COM MAIS SEGUIDORES NO TWITTER		ESPORTISTAS MAIS "CURTIDOS" DO FACEBOOK
24,0m	**Cristiano Ronaldo** *futebol*	71,5m
0,4m	**David Beckham** *futebol*	33,6m
4,2m	**Kobe Bryant** *basquete*	17,8m
11,4m	**LeBron James** *basquete*	15,7m
1,3m	**Roger Federer** *tênis*	13,8m
4,0m	**Sachin Tendulkar** *críquete*	13,2m
3,7m	**Tiger Woods** *golfe*	12,9m
4,6m	**Floyd Mayweather** *boxe*	3,9m
3,2m	**Usain Bolt** *atletismo*	2,9m
0,1m	**Alex Rodriguez (A-Rod)** *beisebol*	1,2m

As informações foram colhidas em fevereiro de 2014.

QUANTAS VITÓRIAS

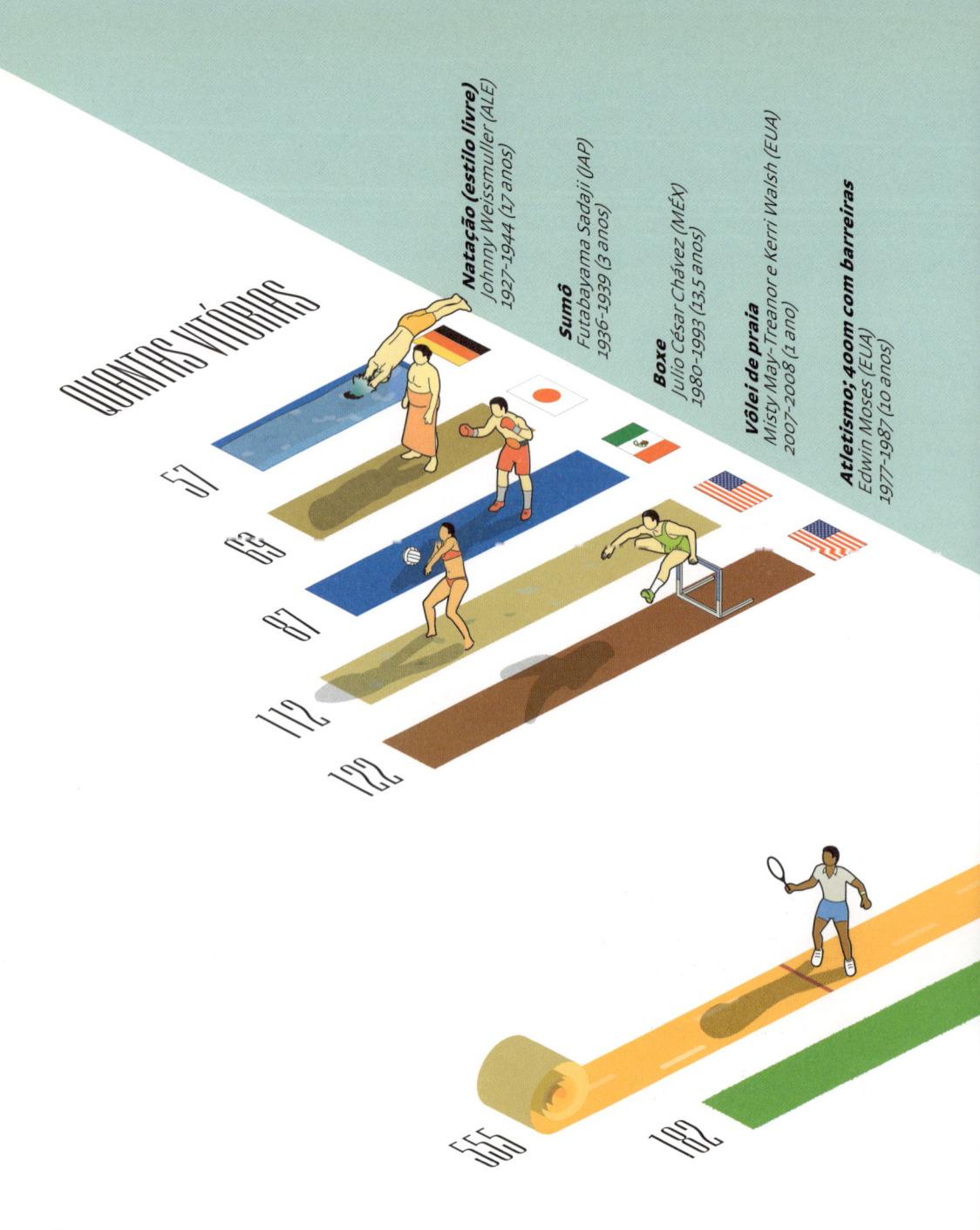

Natação (estilo livre)
Johnny Weissmuller (ALE)
1927-1944 (17 anos)
57

Sumô
Futabayama Sadaji (JAP)
1936-1939 (3 anos)
69

Boxe
Julio César Chávez (MÉX)
1980-1993 (13,5 anos)
87

Vôlei de praia
Misty May-Treanor e Kerri Walsh (EUA)
2007-2008 (1 ano)
112

Atletismo; 400m com barreiras
Edwin Moses (EUA)
1977-1987 (10 anos)
122

555

182

58   wikipedia.org, guardian.com

MAIORES PERÍODOS DE **INVENCIBILIDADE**

Qual foi a maior sequência de vitórias em qualquer esporte profissional? E como os diferentes esportes podem ser comparados quanto à extensão e às datas desses períodos invictos.

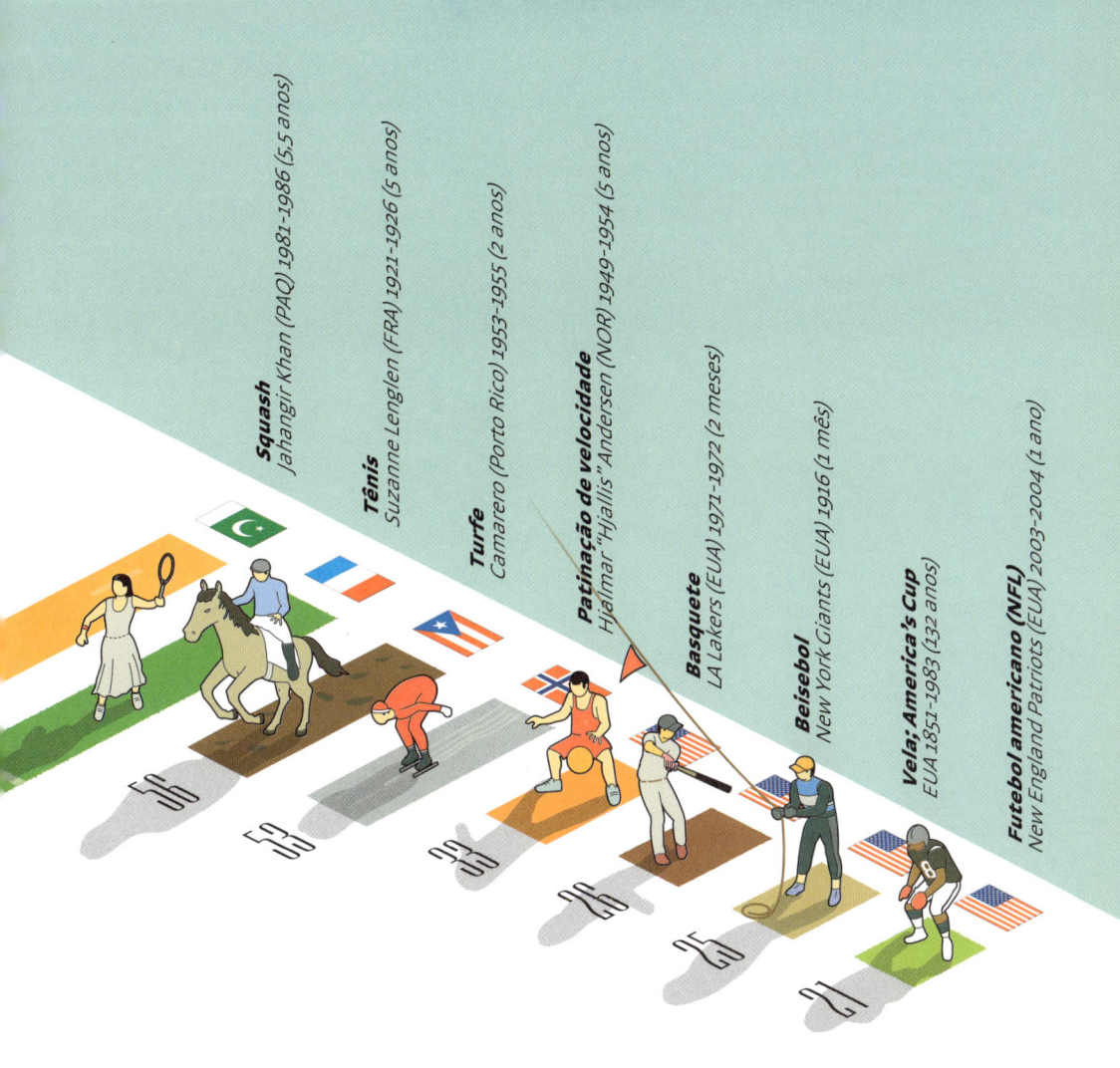

Squash
Jahangir Khan (PAQ) 1981-1986 (5,5 anos)

Tênis
Suzanne Lenglen (FRA) 1921-1926 (5 anos)

Turfe
Camarero (Porto Rico) 1953-1955 (2 anos)

Patinação de velocidade
Hjalmar "Hjallis" Andersen (NOR) 1949-1954 (5 anos)

Basquete
LA Lakers (EUA) 1971-1972 (2 meses)

Beisebol
New York Giants (EUA) 1916 (1 mês)

Vela: America's Cup
EUA 1851-1983 (132 anos)

Futebol americano (NFL)
New England Patriots (EUA) 2003-2004 (1 ano)

LINHA DO TEMPO DAS **TOCHAS OLÍMPICAS**

A tocha olímpica foi introduzida nas Olimpíadas da era moderna em 1936 pelos alemães. Depois que as duas olimpíadas seguintes foram canceladas devido à Segunda Guerra Mundial, ela voltou a ser usada em Londres, em 1948, e se manteve como tradição desde então, sendo acesa na última cidade-sede e carregada, sempre queimando, até a cidade-sede seguinte, tanto dos jogos de inverno como de verão. Veja como a tocha mudou de formato desde 1936.

2016
Rio de Janeiro, Brasil

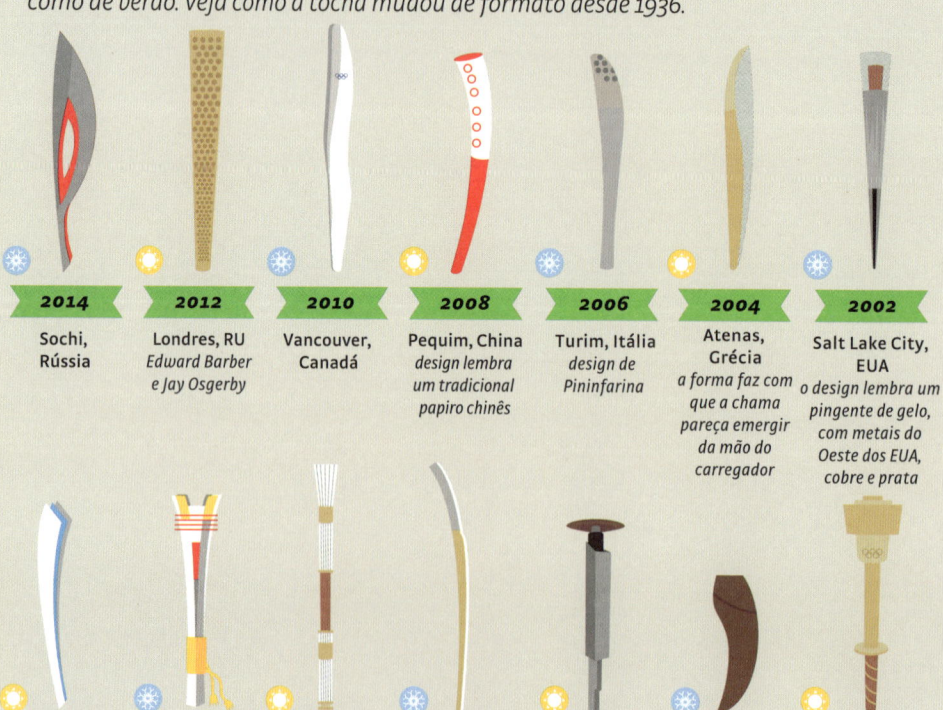

2014
Sochi, Rússia

2012
Londres, RU
Edward Barber e Jay Osgerby

2010
Vancouver, Canadá

2008
Pequim, China
design lembra um tradicional papiro chinês

2006
Turim, Itália
design de Pininfarina

2004
Atenas, Grécia
a forma faz com que a chama pareça emergir da mão do carregador

2002
Salt Lake City, EUA
o design lembra um pingente de gelo, com metais do Oeste dos EUA, cobre e prata

2000
Sydney, Austrália
design de Robert Jurgens

1998
Nagano, Japão
o corpo hexagonal representava flocos de neve

1996
Atlanta, EUA
design de Malcolm Grear

1994
Lillehammer, Noruega
a tocha mais fina, testada no vento para ser carregada por esquiadores

1992
Barcelona, Espanha
design de André Ricard

1992
Albertville, França
design de Philippe Starck

1988
Seul, Coreia do Sul
design de Lee Woo-Sung

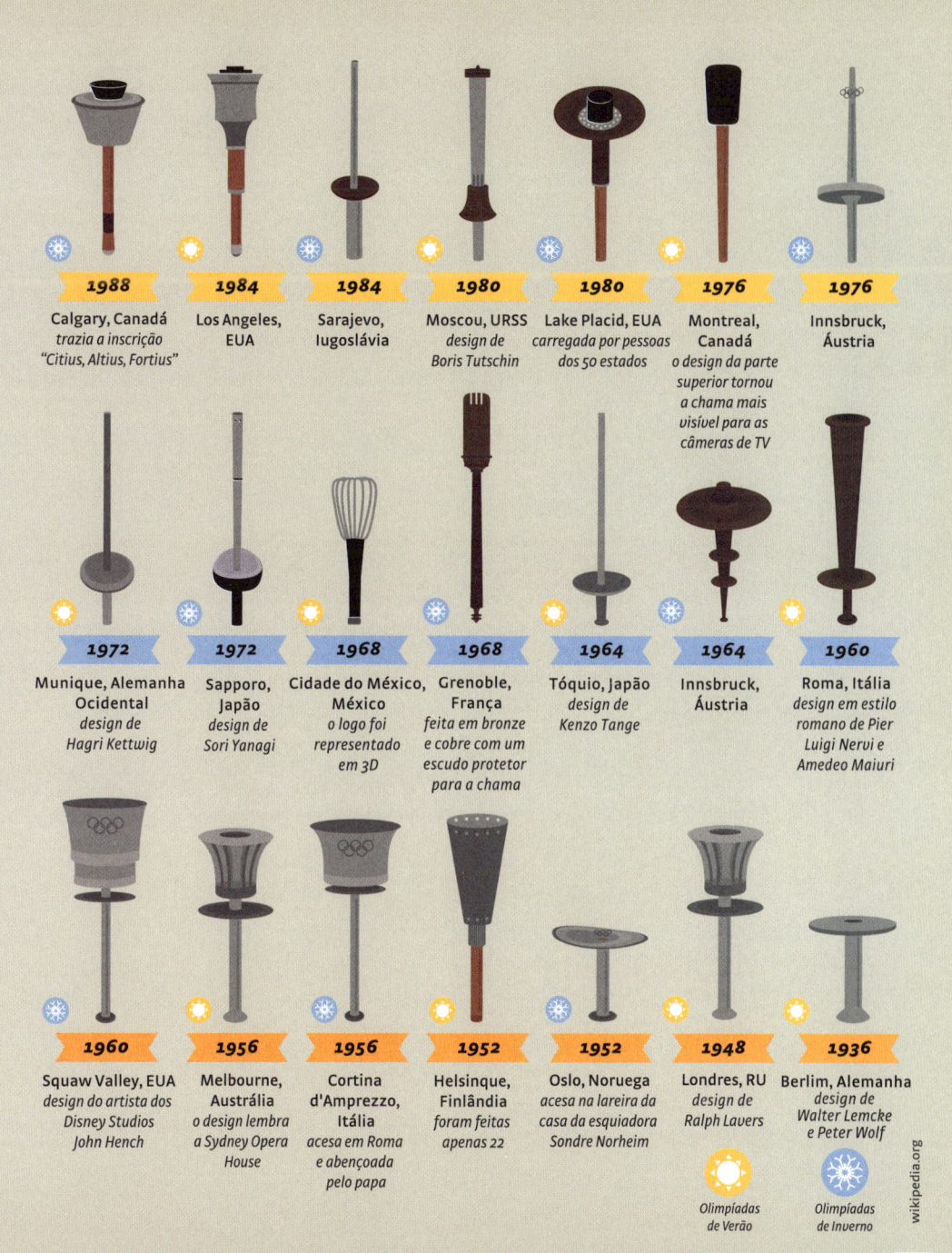

1988 Calgary, Canadá
trazia a inscrição
"Citius, Altius, Fortius"

1984 Los Angeles, EUA

1984 Sarajevo, Iugoslávia

1980 Moscou, URSS
design de Boris Tutschin

1980 Lake Placid, EUA
carregada por pessoas dos 50 estados

1976 Montreal, Canadá
o design da parte superior tornou a chama mais visível para as câmeras de TV

1976 Innsbruck, Áustria

1972 Munique, Alemanha Ocidental
design de Hagri Kettwig

1972 Sapporo, Japão
design de Sori Yanagi

1968 Cidade do México, México
o logo foi representado em 3D

1968 Grenoble, França
feita em bronze e cobre com um escudo protetor para a chama

1964 Tóquio, Japão
design de Kenzo Tange

1964 Innsbruck, Áustria

1960 Roma, Itália
design em estilo romano de Pier Luigi Nervi e Amedeo Maiuri

1960 Squaw Valley, EUA
design do artista dos Disney Studios John Hench

1956 Melbourne, Austrália
o design lembra a Sydney Opera House

1956 Cortina d'Amprezzo, Itália
acesa em Roma e abençoada pelo papa

1952 Helsinque, Finlândia
foram feitas apenas 22

1952 Oslo, Noruega
acesa na lareira da casa da esquiadora Sondre Norheim

1948 Londres, RU
design de Ralph Lavers

1936 Berlim, Alemanha
design de Walter Lemcke e Peter Wolf

Olimpíadas de Verão

Olimpíadas de Inverno

wikipedia.org

MULHERES NAS OLIMPÍADAS

OLIMPÍADAS DE INVERNO								15,7%	21,5%
OLIMPÍADAS DE VERÃO	0%	2,2%	0,9%	2%	4,4%	9,6%	9,5%	10,5%	
SEDE DOS JOGOS	1896	1900	1904	1912	1924	1928	1948	1952	1960
TIRO COM ARCO			🇺🇸						
ATLETISMO						🇳🇱			
BASQUETE									
BIATHLON									
BOBSLED									
BOXE									
CANOAGEM							🇬🇧	🇳🇴	
ESQUI CROSS-COUNTRY								🇳🇴	
CURLING									
CICLISMO DE ESTRADA									
CICLISMO DE PISTA									
MERGULHO				🇸🇪					
ESPORTES EQUESTRES								🇫🇮	
ESGRIMA						🇫🇷			
HÓQUEI DE CAMPO									
FUTEBOL									
GOLFE		🇫🇷							
GINÁSTICA						🇳🇱			
HANDEBOL									
HÓQUEI NO GELO									
JUDÔ									
PENTATLO									
REMO									
RÚGBI DE SETE									
VELA									
TIRO DESPORTIVO									
SKELETON									
SALTO DE ESQUI									
SOFTBALL									
PATINAÇÃO DE VELOCIDADE									🇺🇸
NATAÇÃO				🇸🇪					
NADO SINCRONIZADO									
TÊNIS		🇫🇷							
POLO AQUÁTICO									
LEVANTAMENTO DE PESO									
LUTA LIVRE									

As mulheres tiveram que lutar bastante para ter acesso às competições olímpicas. Aqui constam as Olimpíadas em que elas foram aceitas para competir, por modalidade, e mais a porcentagem total de competidoras em cada uma.

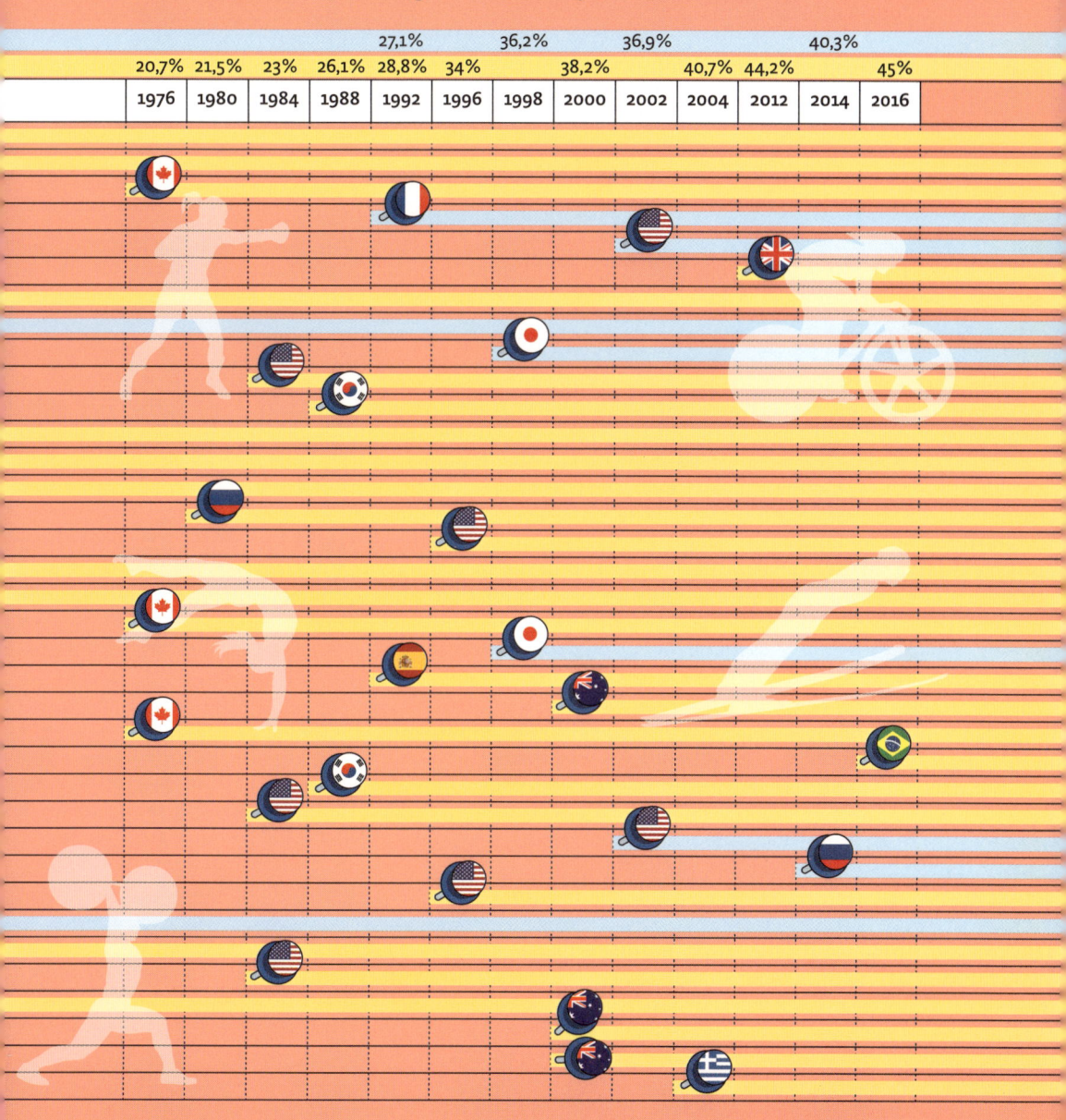

					27,1%		36,2%		36,9%		40,3%		
	20,7%	21,5%	23%	26,1%	28,8%	34%		38,2%		40,7%	44,2%		45%
	1976	1980	1984	1988	1992	1996	1998	2000	2002	2004	2012	2014	2016

Tabela de 2013 do Women in the Olympic Movement, wikipedia.org

O **AZAR** DA *SPORTS ILLUSTRATED*

Sports Illustrated, *a revista esportiva semanal mais popular dos EUA, desfruta de merecido prestígio por suas reportagens especializadas. No entanto, alguns dos astros que foram capa da revista infelizmente passaram por um período de insucesso depois de ganhar esse destaque, e isso criou a lenda de que a honraria traz azar. Mas, como mostram as estatísticas a seguir, não há o menor fundamento nisso.*

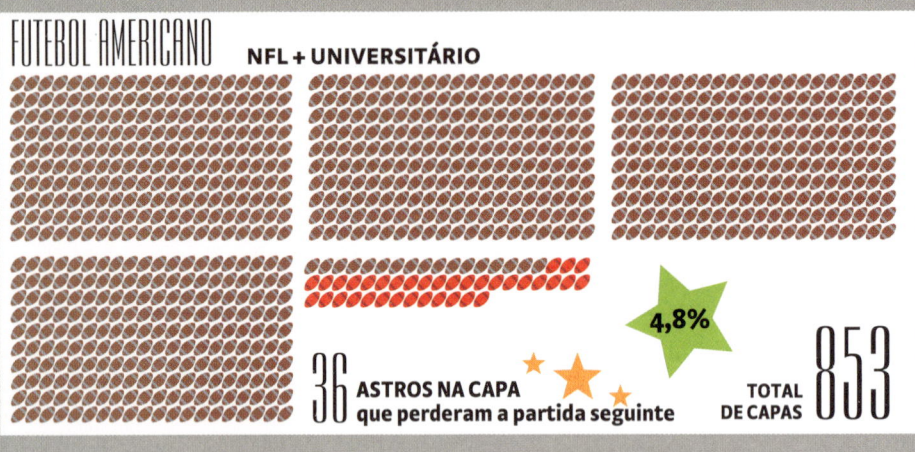

FUTEBOL AMERICANO
NFL + UNIVERSITÁRIO

36 ASTROS NA CAPA
que perderam a partida seguinte

4,8%

TOTAL DE CAPAS **853**

BEISEBOL
PRIMEIRA DIVISÃO

15 ASTROS NA CAPA
que perderam a partida seguinte

2,2%

TOTAL DE CAPAS **676**

BASQUETE
NBA + UNIVERSITÁRIO

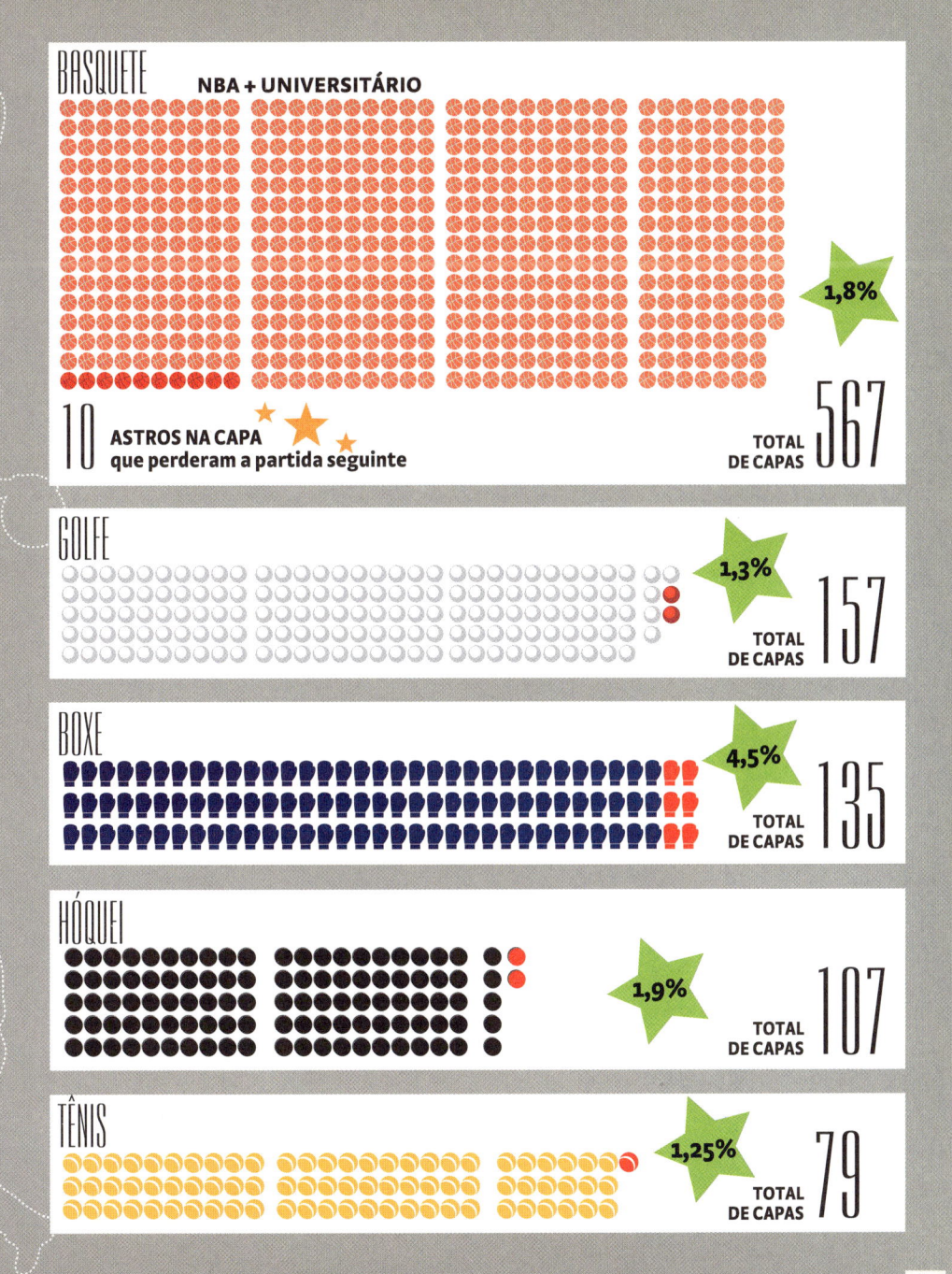

1,8%

10 ASTROS NA CAPA
que perderam a partida seguinte

TOTAL DE CAPAS 567

GOLFE

1,3%

TOTAL DE CAPAS 157

BOXE

4,5%

TOTAL DE CAPAS 135

HÓQUEI

1,9%

TOTAL DE CAPAS 107

TÊNIS

1,25%

TOTAL DE CAPAS 79

wikipedia.org

OS CAMPOS DE GOLFE
MAIS DIFÍCEIS DO MUNDO

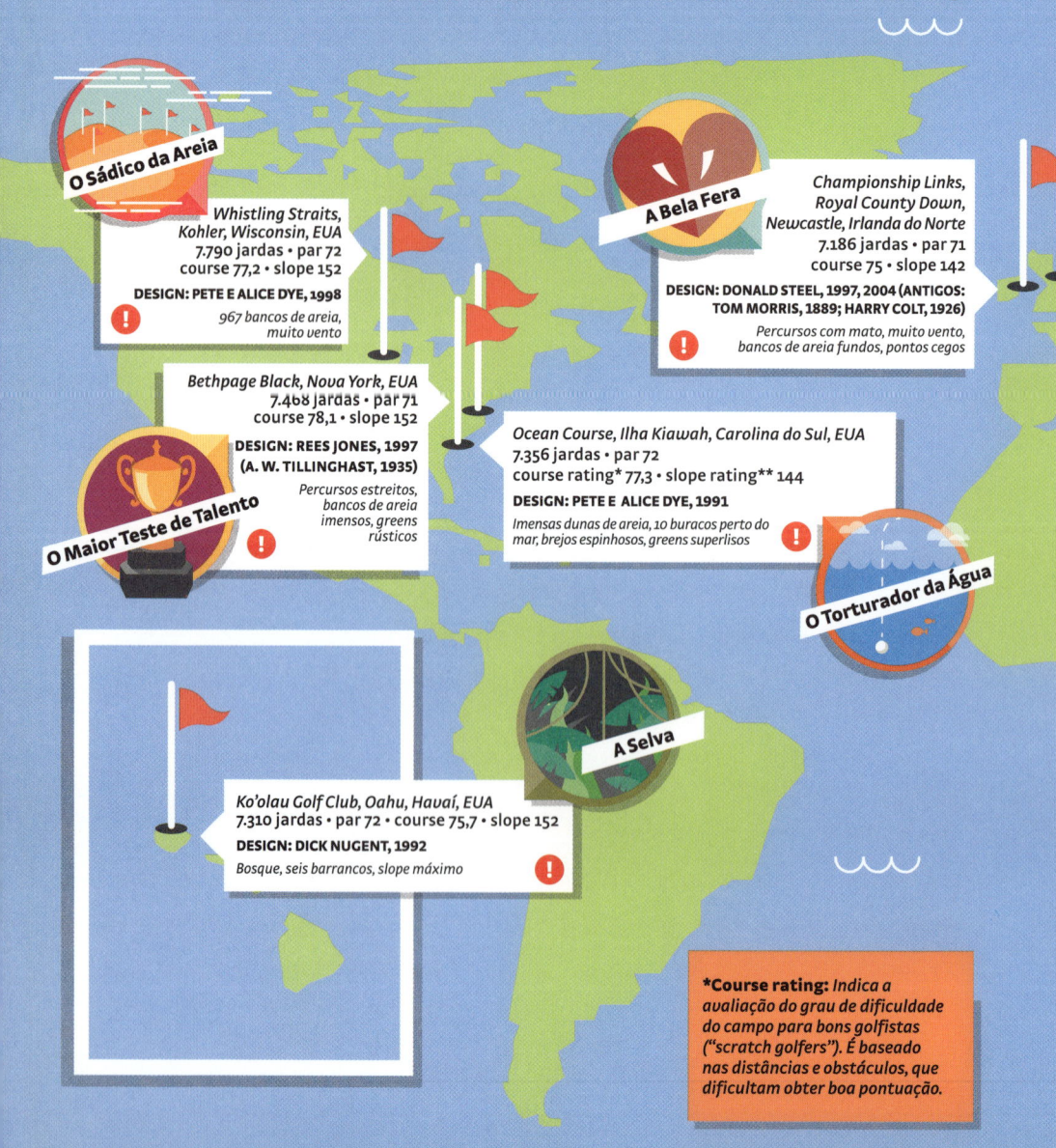

O Sádico da Areia

Whistling Straits, Kohler, Wisconsin, EUA
7.790 jardas • par 72
course 77,2 • slope 152
DESIGN: PETE E ALICE DYE, 1998
967 bancos de areia, muito vento

A Bela Fera

Championship Links, Royal County Down, Newcastle, Irlanda do Norte
7.186 jardas • par 71
course 75 • slope 142
DESIGN: DONALD STEEL, 1997, 2004 (ANTIGOS: TOM MORRIS, 1889; HARRY COLT, 1926)
Percursos com mato, muito vento, bancos de areia fundos, pontos cegos

O Maior Teste de Talento

Bethpage Black, Nova York, EUA
7.468 jardas • par 71
course 78,1 • slope 152
DESIGN: REES JONES, 1997 (A. W. TILLINGHAST, 1935)
Percursos estreitos, bancos de areia imensos, greens rústicos

O Torturador da Água

Ocean Course, Ilha Kiawah, Carolina do Sul, EUA
7.356 jardas • par 72
course rating* 77,3 • slope rating** 144
DESIGN: PETE E ALICE DYE, 1991
Imensas dunas de areia, 10 buracos perto do mar, brejos espinhosos, greens superlisos

A Selva

Ko'olau Golf Club, Oahu, Havaí, EUA
7.310 jardas • par 72 • course 75,7 • slope 152
DESIGN: DICK NUGENT, 1992
Bosque, seis barrancos, slope máximo

***Course rating:** Indica a avaliação do grau de dificuldade do campo para bons golfistas ("scratch golfers"). É baseado nas distâncias e obstáculos, que dificultam obter boa pontuação.*

CNN, usga.org, worldgolf.com

Há campos que deixam os campeões em desespero, com barrancos, bosques, lagos e bancos de areia tão pequenos que enganam até profissionais experientes. Segundo a CNN, são também os lugares mais perigosos para se tentar uma partida.

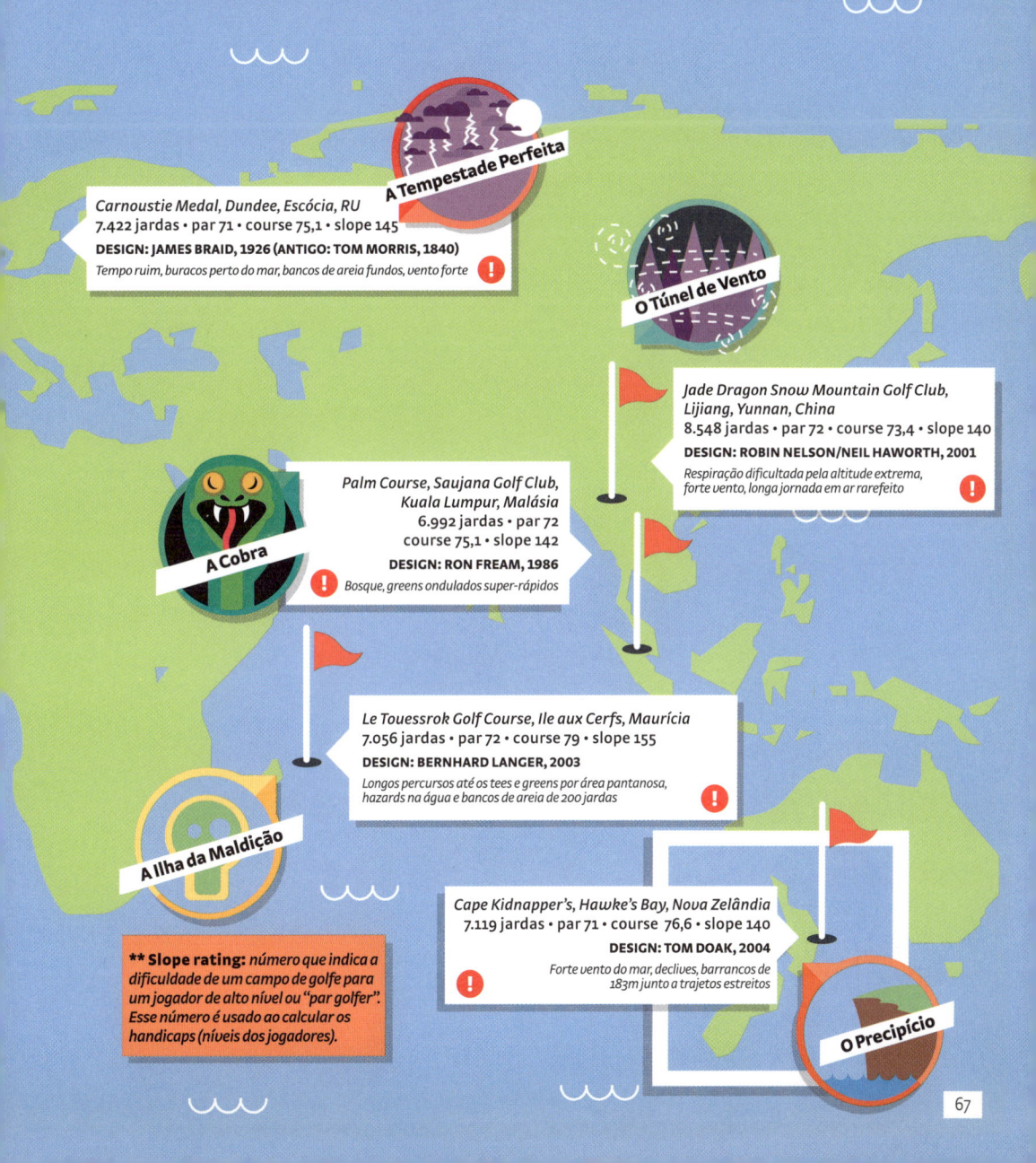

A Tempestade Perfeita

Carnoustie Medal, Dundee, Escócia, RU
7.422 jardas • par 71 • course 75,1 • slope 145
DESIGN: JAMES BRAID, 1926 (ANTIGO: TOM MORRIS, 1840)
Tempo ruim, buracos perto do mar, bancos de areia fundos, vento forte

O Túnel de Vento

Jade Dragon Snow Mountain Golf Club, Lijiang, Yunnan, China
8.548 jardas • par 72 • course 73,4 • slope 140
DESIGN: ROBIN NELSON/NEIL HAWORTH, 2001
Respiração dificultada pela altitude extrema, forte vento, longa jornada em ar rarefeito

A Cobra

Palm Course, Saujana Golf Club, Kuala Lumpur, Malásia
6.992 jardas • par 72 • course 75,1 • slope 142
DESIGN: RON FREAM, 1986
Bosque, greens ondulados super-rápidos

A Ilha da Maldição

Le Touessrok Golf Course, Ile aux Cerfs, Maurícia
7.056 jardas • par 72 • course 79 • slope 155
DESIGN: BERNHARD LANGER, 2003
Longos percursos até os tees e greens por área pantanosa, hazards na água e bancos de areia de 200 jardas

O Precipício

Cape Kidnapper's, Hawke's Bay, Nova Zelândia
7.119 jardas • par 71 • course 76,6 • slope 140
DESIGN: TOM DOAK, 2004
Forte vento do mar, declives, barrancos de 183m junto a trajetos estreitos

** Slope rating: número que indica a dificuldade de um campo de golfe para um jogador de alto nível ou "par golfer". Esse número é usado ao calcular os handicaps (níveis dos jogadores).

POR QUE ELES VALEM ISSO

Os grandes astros do esporte não são mais medidos apenas pelo sucesso alcançado no campo que escolheram, mas também pela dimensão do seu patrocínio. Se você fosse compor um jogador com o maior valor possível de patrocínios, ele teria o seguinte aspecto.

Tiara
Derrick Rose (basquete), patrocinador Adidas, vale **US$260 milhões**

Boné
Rory McIllroy (golfe), patrocinador Nike, vale **US$250 milhões**

Braço
Derek Jeter (beisebol), vale **US$35 milhões** por ano (salário como lançador)

Relógio
Roger Federer (tênis), patrocinador Rolex, vale **US$10 milhões**

Tênis
LeBron James (basquete), patrocinador Nike, vale **US$13,3 milhões**

Camisa
Manchester United (futebol), patrocinador Chevrolet, vale **US$80 milhões** por ano

Cueca
Cristiano Ronaldo (futebol), patrocinador Armani, vale **US$18 milhões**

wikipedia.org, yahoo.sports.com, opendorse.com

US$824,8 MILHÕES

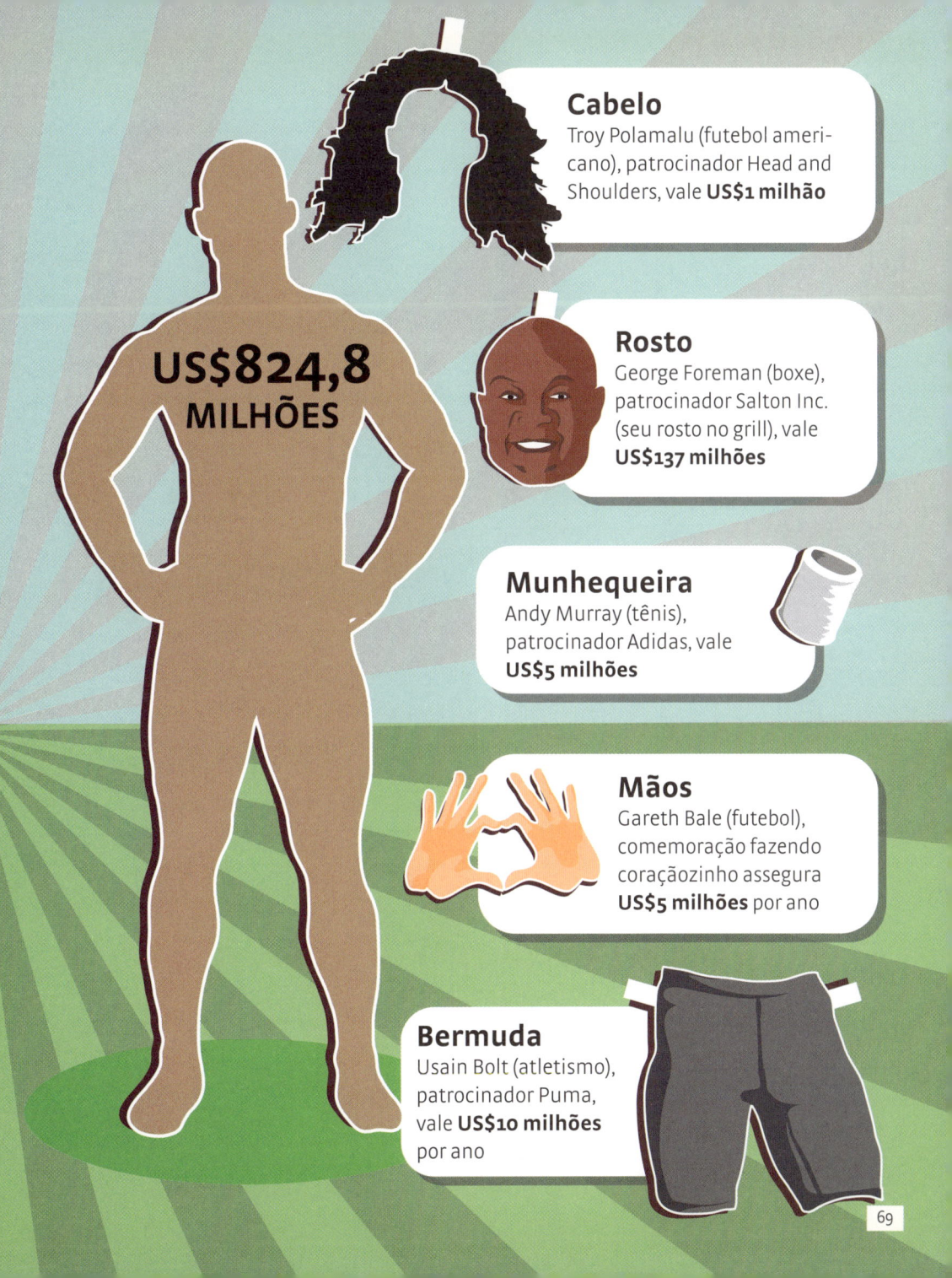

Cabelo
Troy Polamalu (futebol americano), patrocinador Head and Shoulders, vale **US$1 milhão**

Rosto
George Foreman (boxe), patrocinador Salton Inc. (seu rosto no grill), vale **US$137 milhões**

Munhequeira
Andy Murray (tênis), patrocinador Adidas, vale **US$5 milhões**

Mãos
Gareth Bale (futebol), comemoração fazendo coraçãozinho assegura **US$5 milhões** por ano

Bermuda
Usain Bolt (atletismo), patrocinador Puma, vale **US$10 milhões** por ano

DISPUTAS DE ALTA RIVALIDADE

Competições esportivas entre nações ou indivíduos que estão em guerra — no sentido figurado ou literal — podem ter o propósito de aliviar tensões. Mas isso nem sempre acontece, como mostram estas disputas de alta rivalidade.

NAÇÕES

BASQUETE

Final olímpica de basquete, Munique, 1972
URSS 57 x 50 EUA

Duas superpotências nucleares de ideologia oposta. Os EUA haviam vencido as últimas 7 medalhas de ouro; eles ainda se recusam a aceitar suas medalhas de prata.

HÓQUEI NO GELO

Ouro nos Jogos de Inverno, Nova York, 1980
EUA 4 x 3 URSS

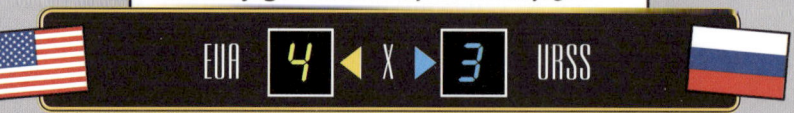

Os americanos haviam sido a última equipe a vencer a URSS no hóquei no gelo, nas Olimpíadas de 1960. Os EUA ganharam o ouro em 1980, e os russos, a prata, mas se recusaram a aceitar suas medalhas.

FUTEBOL

Eliminatórias para a Copa do Mundo, 1969
HONDURAS 2 x 3 EL SALVADOR

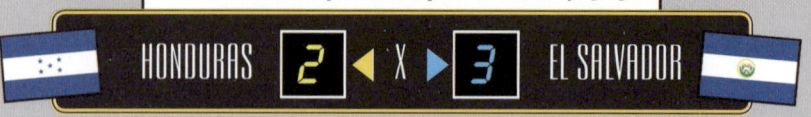

Dias após a partida, eclodiu uma guerra de 5 dias entre os dois países, com quase 5 mil mortos.

FUTEBOL

1978-2010
COREIA DO NORTE x COREIA DO SUL

As duas metades da nação coreana ainda estão oficialmente em guerra. Nos jogos das seleções masculinas, o Sul tem 7 vitórias, o Norte, 1, e houve 7 empates; no feminino (1990-2012), o Sul tem 1 vitória, o Norte, 10, e houve 1 empate.

FUTEBOL

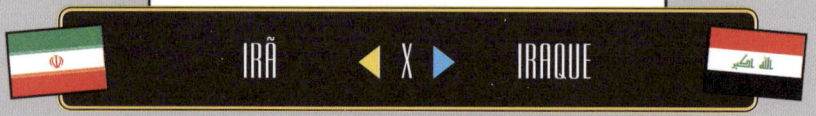

1989-2011
IRÃ x IRAQUE

A guerra Irã-Iraque durou de 1980 a 1988; os últimos prisioneiros de guerra foram trocados em 2003. Em 1989, na sua primeira partida desde 1976, o troféu A Paz Islâmica resultou em empate. Nos 13 jogos seguintes, 4 vitórias do Iraque, 8 do Irã e 3 empates.

INDIVÍDUOS

ATLETISMO

Olimpíadas de 1936
JESSE OWENS ◄ X ► HITLER E O FASCISMO

Nas Olimpíadas de 1936, o Partido Nazista queria provar a superioridade da raça ariana. O atleta afro-americano Jesse Owens levou quatro medalhas de ouro – 100m, 200m, 4 x 100m e salto em distância.

Olimpíadas de 1980
STEVE OVETT ◄ X ► SEBASTIAN COE

Ovett e Coe dominaram as corridas de meia distância por uma década, mas não eram amigos. Coe era favorito para os 800m em Moscou; Ovett ganhou. Ovett era favorito para os 1500m, Coe ganhou. A inimizade continuou.

BOXE

1910
JACK JOHNSON ◄ X ► JAMES JEFFRIES

Jack Johnson foi o primeiro afro-americano campeão mundial de boxe; seu oponente era "A Grande Esperança Branca". Jeffries jogou a toalha no 15º assalto.

1933
MAX SCHMELING ◄ X ► MAX BAER

Schmeling era o ariano campeão mundial dos pesos-pesados em 1930-32 e queridinho dos nazistas de Hitler. Lutou com Baer, que ostentava uma estrela de davi no calção, e perdeu o título em dez assaltos.

XADREZ

1972
BOBBY FISCHER ◄ C ► BORIS SPASSKY

Fischer era o capitalismo, Spassky, o comunismo, e essa partida era a Guerra Fria num tabuleiro. Na "neutra" Reykjavik, Fischer derrotou Spassky por 12½ a 8½.

PATINAÇÃO ARTÍSTICA

Campeonatos nos EUA, 1994
TONYA HARDING ◄ X ► NANCY KERRIGAN

O ex-marido de Harding contratou um agressor que machucou o joelho direito de Kerrigan uma noite antes do campeonato americano. Harding ganhou o evento. Kerrigan se recuperou e ganhou prata nas Olimpíadas, nas quais Harding ficou em oitavo. Harding mais tarde foi destituída de seu título e banida para sempre das competições.

wikipedia.org

Gasto de capital em roupa esportiva (em US$)

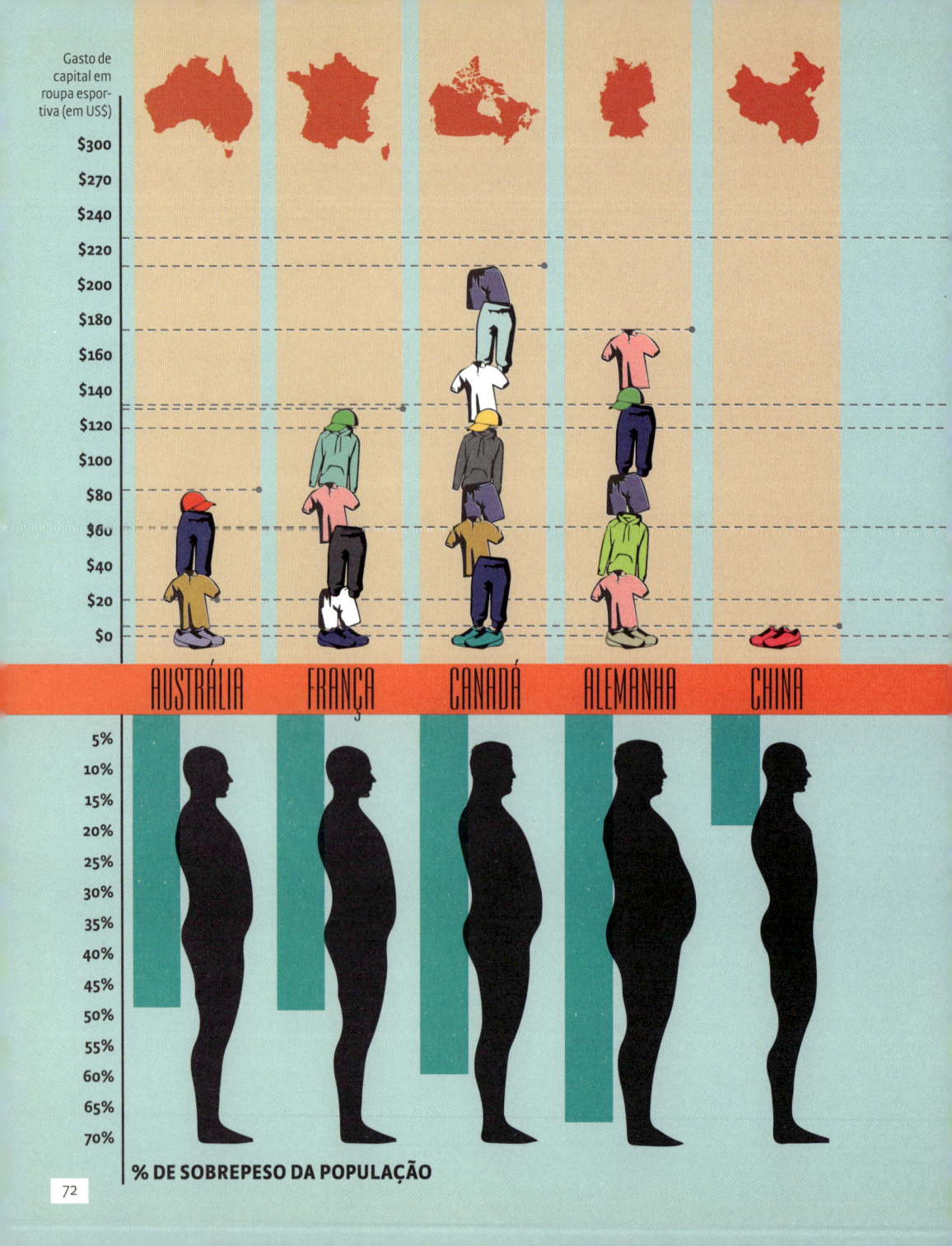

$300
$270
$240
$220
$200
$180
$160
$140
$120
$100
$80
$60
$40
$20
$0

AUSTRÁLIA   FRANÇA   CANADÁ   ALEMANHA   CHINA

5%
10%
15%
20%
25%
30%
35%
40%
45%
50%
55%
60%
65%
70%

% DE SOBREPESO DA POPULAÇÃO

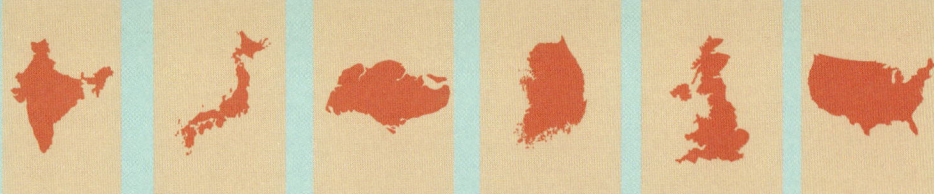

NAÇÃO EM **BOA FORMA?**

As megamarcas esportivas gastam milhões para fazer grandes atletas usarem seu logo, a fim de que as pessoas esportistas que não são superastros comprem seus produtos. Mas, ao que parece, essa roupa não está sendo usada em atividades esportivas, pelo menos segundo essa comparação entre populações com sobrepeso e gastos com roupas do gênero.

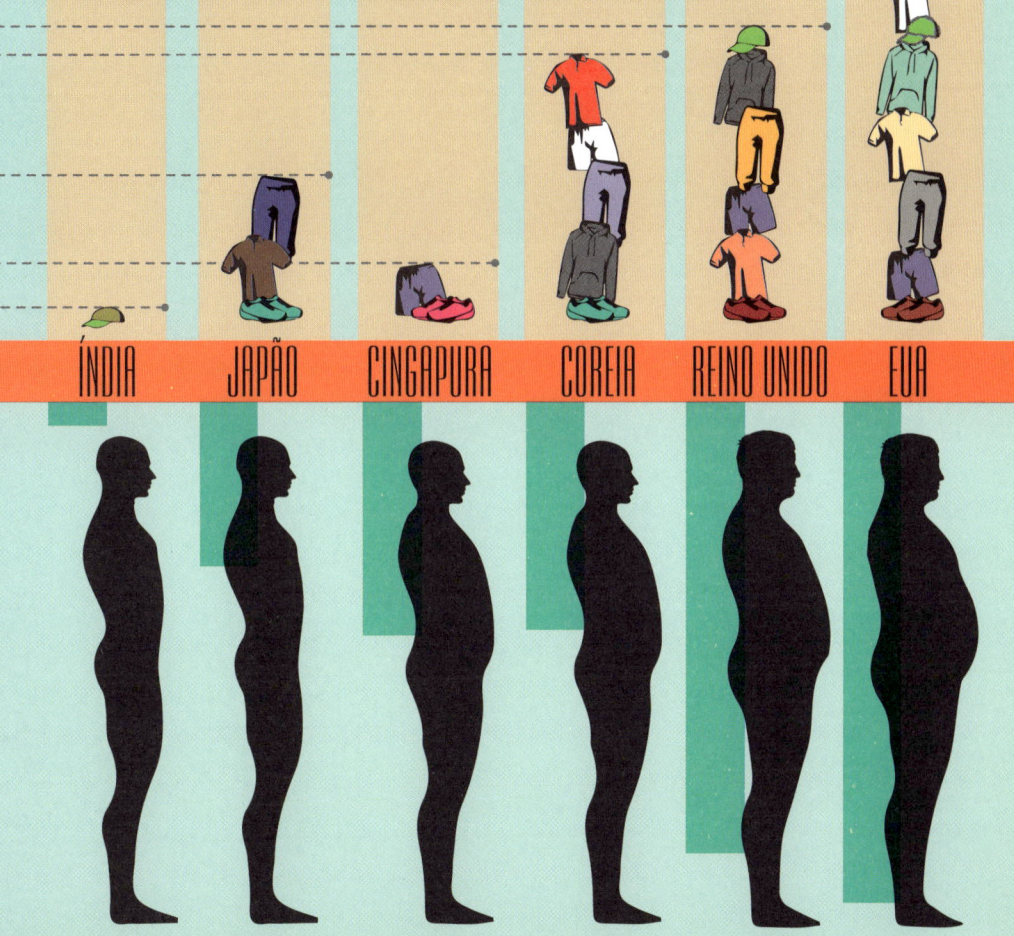

| ÍNDIA | JAPÃO | CINGAPURA | COREIA | REINO UNIDO | EUA |

apps.who.int/bmi, getfilings.com

KOBE BRYANT

CAMISA nº 24

IDADE **37**   ALTURA **1,98m**   PESO **96kg**

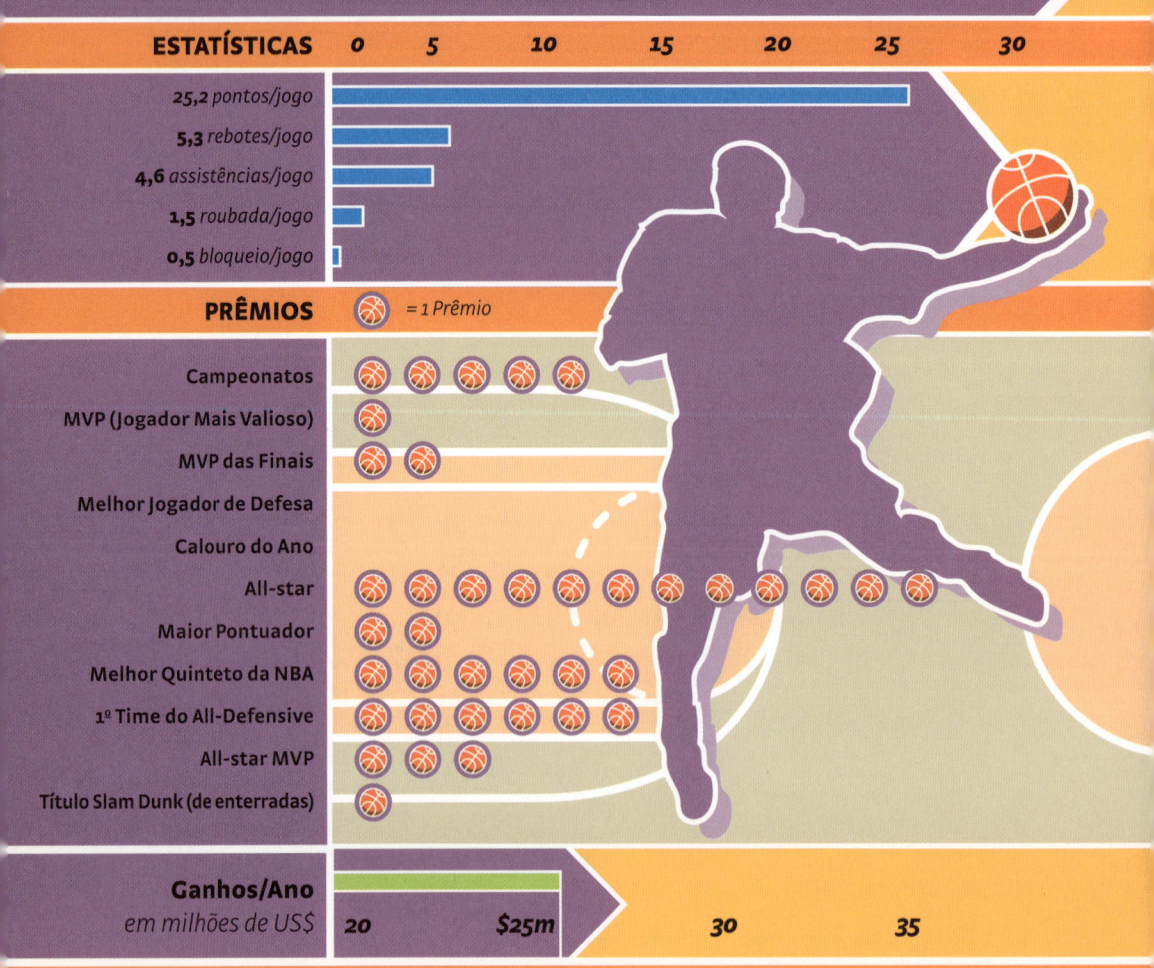

ESTATÍSTICAS

| | 0 | 5 | 10 | 15 | 20 | 25 | 30 |

- 25,2 *pontos/jogo*
- 5,3 *rebotes/jogo*
- 4,6 *assistências/jogo*
- 1,5 *roubada/jogo*
- 0,5 *bloqueio/jogo*

PRÊMIOS

🏀 = 1 Prêmio

Prêmio	Quantidade
Campeonatos	5
MVP (Jogador Mais Valioso)	1
MVP das Finais	2
Melhor Jogador de Defesa	0
Calouro do Ano	0
All-star	18
Maior Pontuador	2
Melhor Quinteto da NBA	11
1º Time do All-Defensive	9
All-star MVP	4
Título Slam Dunk (de enterradas)	1

Ganhos/Ano
em milhões de US$

20   **$25m**   30   35

OS **MAIORES** DE TODOS OS TEMPOS

Kobe Bryant aposentou-se do basquete profissional em 2016, aos 36 anos, enquanto Michael Jordan retirou-se das quadras pela primeira vez aos 30 anos. Compare as carreiras dos dois homens que grande parte dos fãs de basquete considera os melhores jogadores de todos os tempos.

MICHAEL JORDAN

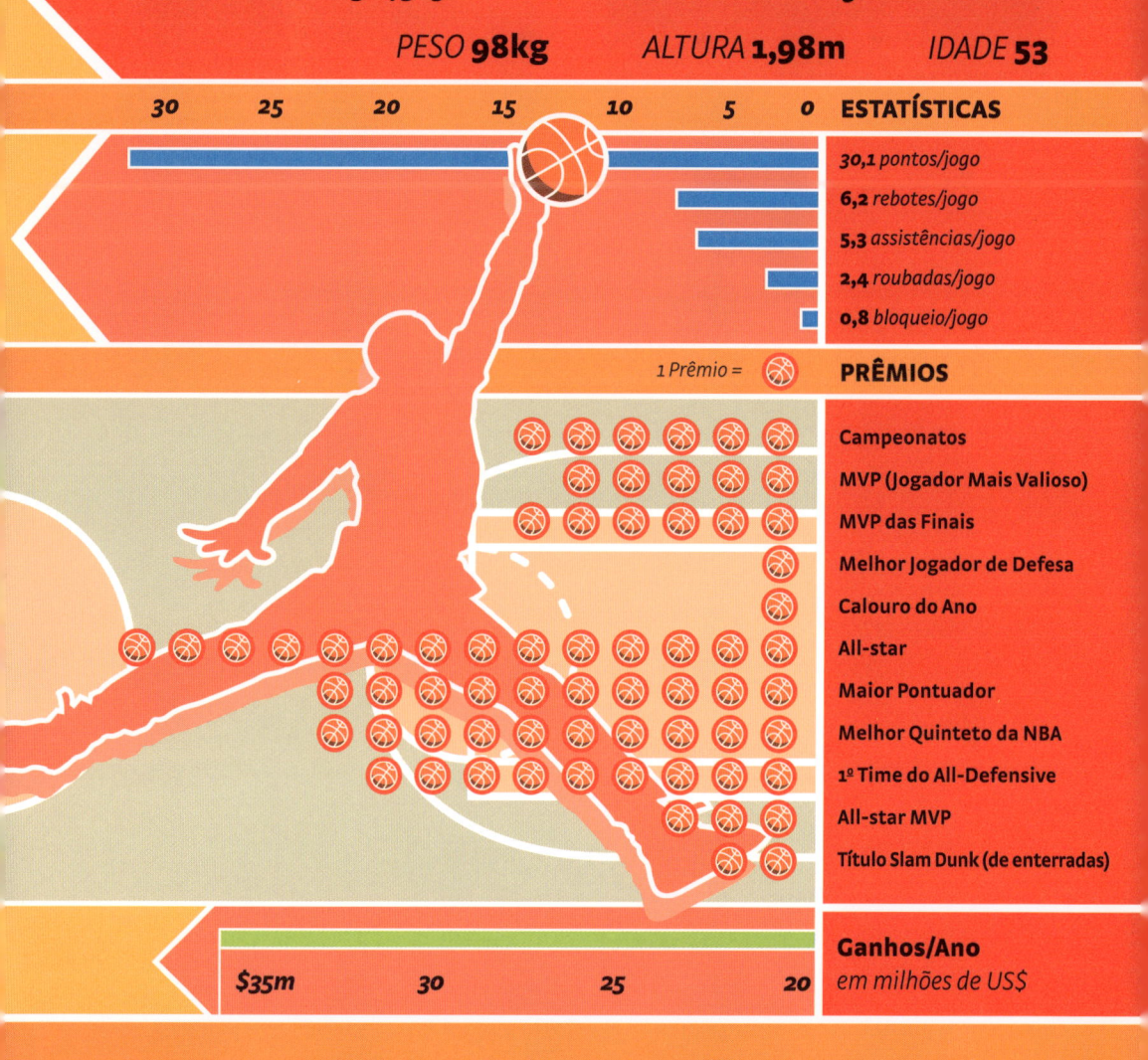

CAMISAS nºs 23 45 9

PESO 98kg **ALTURA 1,98m** **IDADE 53**

ESTATÍSTICAS

30 25 20 15 10 5 0	
▬▬▬▬▬▬▬▬▬▬▬	30,1 *pontos/jogo*
▬▬	6,2 *rebotes/jogo*
▬	5,3 *assistências/jogo*
▬	2,4 *roubadas/jogo*
▪	0,8 *bloqueio/jogo*

1 Prêmio = 🏀

PRÊMIOS

- 🏀🏀🏀🏀🏀🏀 **Campeonatos**
- 🏀🏀🏀🏀🏀 **MVP (Jogador Mais Valioso)**
- 🏀🏀🏀🏀🏀🏀 **MVP das Finais**
- 🏀 **Melhor Jogador de Defesa**
- 🏀 **Calouro do Ano**
- 🏀🏀🏀🏀🏀🏀🏀🏀🏀🏀🏀🏀🏀🏀 **All-star**
- 🏀🏀🏀🏀🏀🏀🏀🏀🏀🏀 **Maior Pontuador**
- 🏀🏀🏀🏀🏀🏀🏀🏀🏀🏀🏀 **Melhor Quinteto da NBA**
- 🏀🏀🏀🏀🏀🏀🏀🏀🏀 **1º Time do All-Defensive**
- 🏀🏀🏀 **All-star MVP**
- 🏀🏀 **Título Slam Dunk (de enterradas)**

Ganhos/Ano
em milhões de US$

$35m 30 25 20

thehoopdoctors.com, wikipedia.org, therichest.com

AS DROGAS **NÃO FUNCIONAM**

O esporte profissional está cheio de gente que usa drogas proibidas para ganhar alguma vantagem ou pelo menos paridade. Ao que parece, ciclistas e levantadores de peso são capazes de tomar qualquer coisa para melhorar seu desempenho, especialmente estas oito substâncias ilícitas que são testadas com maior regularidade.

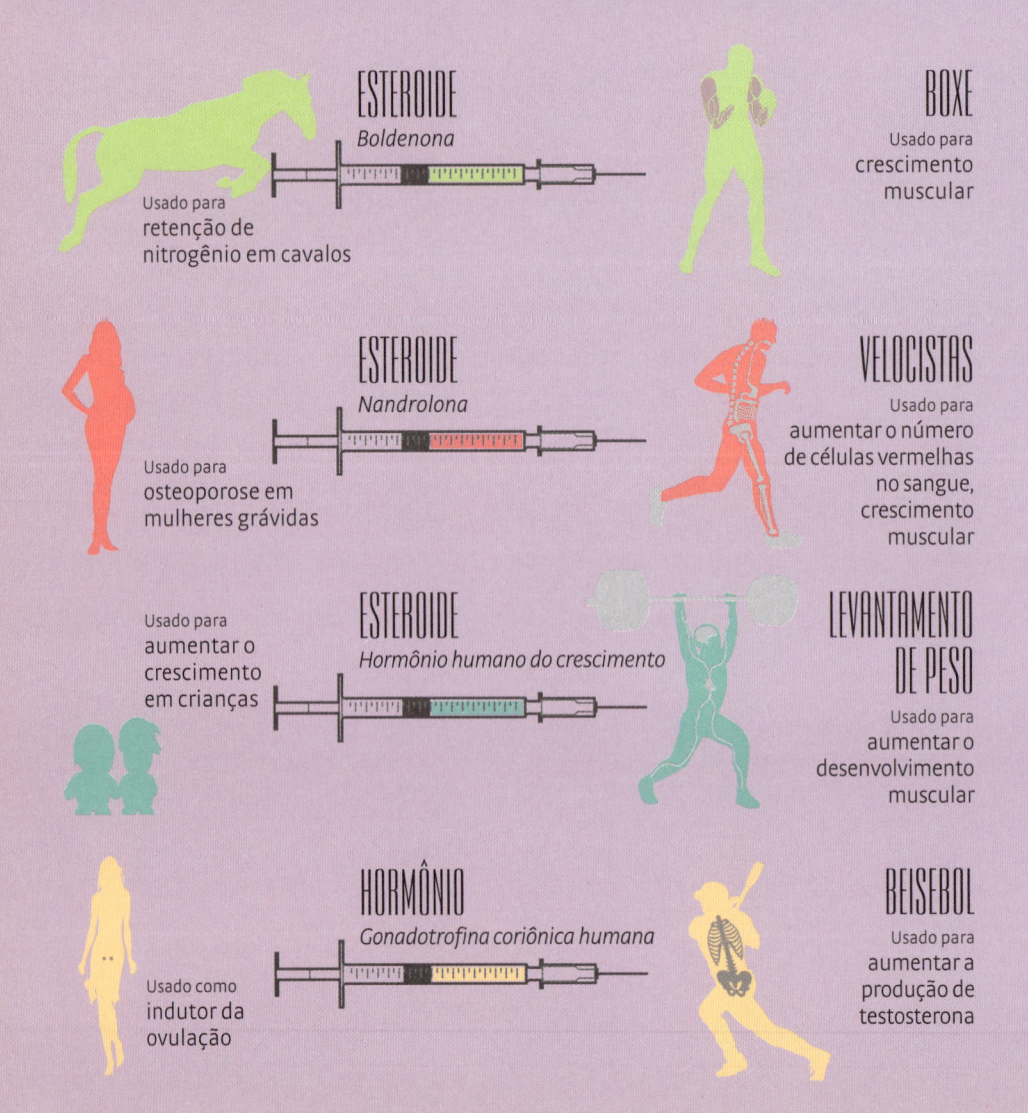

ESTEROIDE
Boldenona

Usado para **retenção de nitrogênio em cavalos**

BOXE
Usado para **crescimento muscular**

ESTEROIDE
Nandrolona

Usado para **osteoporose em mulheres grávidas**

VELOCISTAS
Usado para **aumentar o número de células vermelhas no sangue, crescimento muscular**

ESTEROIDE
Hormônio humano do crescimento

Usado para **aumentar o crescimento em crianças**

LEVANTAMENTO DE PESO
Usado para **aumentar o desenvolvimento muscular**

HORMÔNIO
Gonadotrofina coriônica humana

Usado como **indutor da ovulação**

BEISEBOL
Usado para **aumentar a produção de testosterona**

ESTIMULANTE
Pseudoefedrina

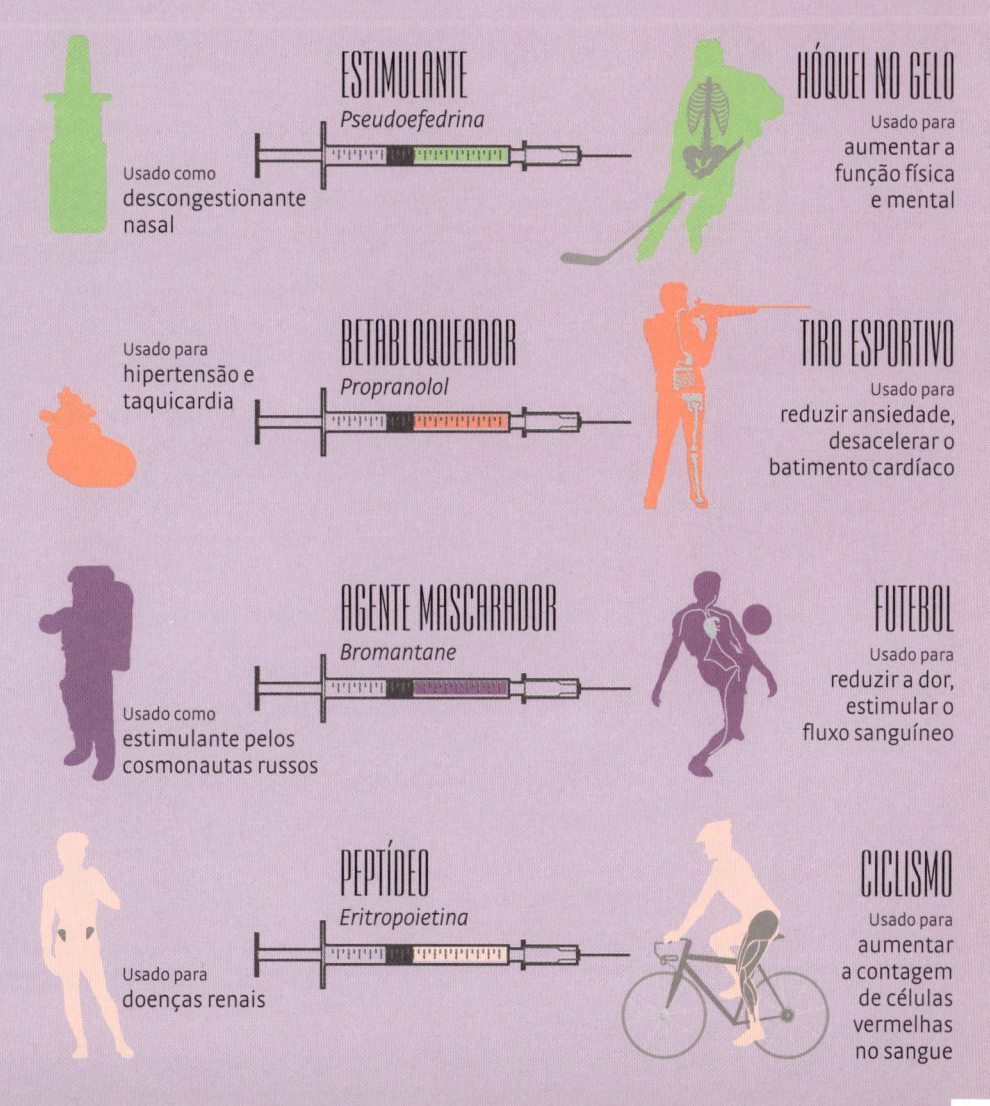

Usado como **descongestionante nasal**

HÓQUEI NO GELO
Usado para **aumentar a função física e mental**

BETABLOQUEADOR
Propranolol

Usado para **hipertensão e taquicardia**

TIRO ESPORTIVO
Usado para **reduzir ansiedade, desacelerar o batimento cardíaco**

AGENTE MASCARADOR
Bromantane

Usado como **estimulante pelos cosmonautas russos**

FUTEBOL
Usado para **reduzir a dor, estimular o fluxo sanguíneo**

PEPTÍDEO
Eritropoietina

Usado para **doenças renais**

CICLISMO
Usado para **aumentar a contagem de células vermelhas no sangue**

wikipedia.org

COMO CHEGAMOS À **PASSAGEM DE ROUPA RADICAL?**

HELI-ESQUI
1958, Alasca, EUA
(Bengt "Binks" Sandahl, EUA)

EQUIPAMENTO EXIGIDO
Um helicóptero, equipamento de esqui, encostas de montanha nevadas

O QUE FAZER
Salte de um helicóptero no alto de uma encosta nevada e esquie até lá embaixo ou até a plataforma de pouso do helicóptero

BASE JUMPING
1978, Yosemite National Park, EUA, (Phil Smith, Phil Mayfield, Carl Boenish, Jean Boenish, EUA)

EQUIPAMENTO EXIGIDO
Dois paraquedas e quatro estruturas altas diferentes de onde pular: edifícios, antenas, vãos livres (ponte, p. ex.) e terra (penhascos, p. ex.)

O QUE FAZER
Salte e plane até o chão usando um paraquedas, desde prédios, antenas, vãos livres e pontos altos da terra

HANG GLIDING EM VULCÕES ATIVOS
1991, Cotopaxi, Equador
(Judy Leden, RU)

EQUIPAMENTO EXIGIDO
Hang glider, vulcão ativo, helicóptero ou equipamento de escalada

O QUE FAZER
Suba até o alto de um vulcão ativo com um hang glider e salte

---

Surfe, snowboard, esqui e todas as formas de esqui aquático podem ser esportes perigosos, mas não são radicais. Para ser radical, um esporte tem que envolver risco de morte e ser praticado em terrenos perigosos, remotos ou improváveis – ou em altitudes elevadas. Eis como chegamos a tudo isso, dos helicópteros às tábuas de passar roupa em locais impensáveis.

PASSAGEM DE ROUPA RADICAL
1997, Leicester, Inglaterra
(Phil Shaw, também conhecido como Steam, RU)

EQUIPAMENTO EXIGIDO
Tábua de passar roupa com pernas, de 1m de comprimento, ferro de passar (de verdade, não pode ser de brinquedo), uma peça de roupa, parceiro para fotografar o evento, lugar radical

O QUE FAZER
Ser filmado ou fotografado passando uma peça de roupa numa tábua de passar em situação radical, como no fundo d'água, no alto de uma montanha ou em queda livre

BUNGEE JUMPING
1979, Bristol, Inglaterra
(David Kirke, Chris Baker, Ed Hulton, Alan Weston, RU)

EQUIPAMENTO EXIGIDO
Corda elástica longa e resistente e arreio, uma estrutura bem alta (ou helicóptero), não ter medo de altura

O QUE FAZER
Salte ou se jogue de uma alta estrutura e fique balançando até que o retrocesso pare

PARKOUR, FREE RUNNING
1985, França
(David Belle, Sébastien Foucan, França)

EQUIPAMENTO EXIGIDO
Condição física excelente, sapatos aderentes, confiança

O QUE FAZER
Salte, escale, gire, corra em cima de altos muros, cercas e qualquer terreno urbano, inclusive telhados e áreas de acesso restrito

PARAGLIDING
1978, França
(Jean-Claude Bétemps, André Bohn, Gérard Bosson, França)

EQUIPAMENTO EXIGIDO
Uma faixa única de tecido (velame) com arnês e assento suspenso, um lugar alto de onde saltar

O QUE FAZER
Deslize no ar usando o velame como aeronave; direcione puxando cabos ligados ao velame

wikipedia.org, xtremeironing.com

VOCÊ É **DURÃO MESMO?**

Se você quer de fato testar sua força, resistência e coragem, experimente um circuito Tough Mudder, "provavelmente o evento mais árduo do planeta". Mais de 1 milhão de pessoas em sete países já tentaram suas pistas de obstáculos com 15-20km de extensão – e a média de conclusão do circuito é de 78%. Veja por quê.

LARGADA

FARDOS UNIDOS

CARREGAMENTO DE HERÓI

POR CIMA DO MURO

1KM DE LAMA

CAMINHO NO FOGO

MACACO DOIDO

REI DA MONTANHA

ESCADA PARA O INFERNO

toughmudder.com

SÓ A PONTA
TERAPIA DE CHOQUE
ARRASTÃO
TÚNEL DE FUMAÇA
CONFUSÃO DE TRONCOS
MUROS DE BERLIM
PILHAGEM DOS PIRATAS
PONTILHADO DE ILHAS
GUERRA DE TRINCHEIRAS
DEPENDURA EMOCIONANTE
BEIJO DE LAMA
ENGUIA ELÉTRICA
RASTEJO NA JAULA
CANAIS SUBAQUÁTICOS
JIBOIA

VENCEDORES

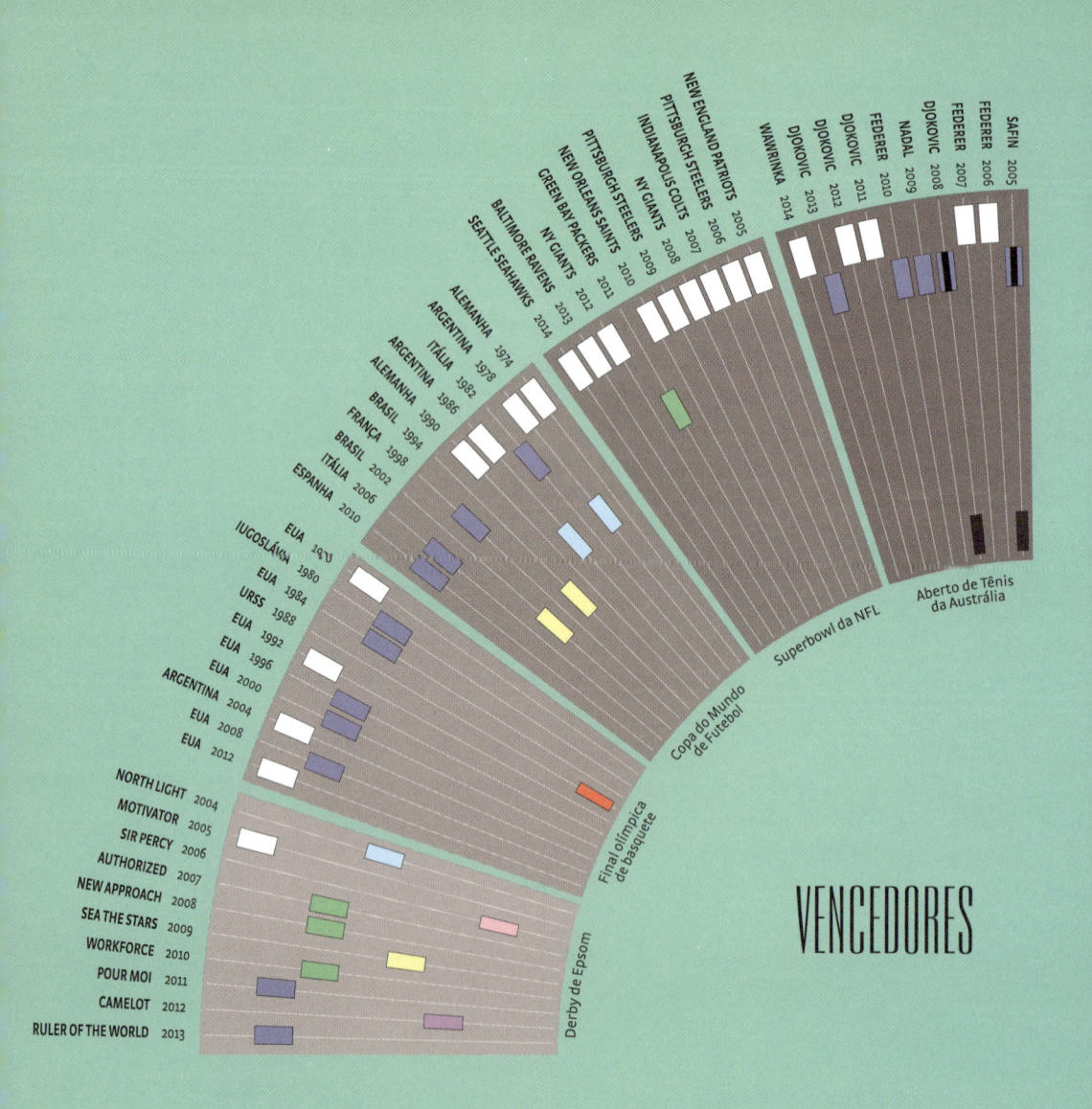

Aberto de Tênis da Austrália
- SAFIN 2005
- FEDERER 2006
- FEDERER 2007
- DJOKOVIC 2008
- NADAL 2009
- FEDERER 2010
- DJOKOVIC 2011
- DJOKOVIC 2012
- DJOKOVIC 2013
- WAWRINKA 2014

Superbowl da NFL
- NEW ENGLAND PATRIOTS 2005
- PITTSBURGH STEELERS 2006
- INDIANAPOLIS COLTS 2007
- NY GIANTS 2008
- PITTSBURGH STEELERS 2009
- NEW ORLEANS SAINTS 2010
- GREEN BAY PACKERS 2011
- NY GIANTS 2012
- BALTIMORE RAVENS 2013
- SEATTLE SEAHAWKS 2014

Copa do Mundo de Futebol
- ALEMANHA 1974
- ARGENTINA 1978
- ITÁLIA 1982
- ARGENTINA 1986
- ALEMANHA 1990
- BRASIL 1994
- FRANÇA 1998
- BRASIL 2002
- ITÁLIA 2006
- ESPANHA 2010

Final olímpica de basquete
- EUA 1976
- IUGOSLÁVIA 1980
- EUA 1984
- URSS 1988
- EUA 1992
- EUA 1996
- EUA 2000
- ARGENTINA 2004
- EUA 2008
- EUA 2012

Derby de Epsom
- NORTH LIGHT 2004
- MOTIVATOR 2005
- SIR PERCY 2006
- AUTHORIZED 2007
- NEW APPROACH 2008
- SEA THE STARS 2009
- WORKFORCE 2010
- POUR MOI 2011
- CAMELOT 2012
- RULER OF THE WORLD 2013

82

PERDEDORES

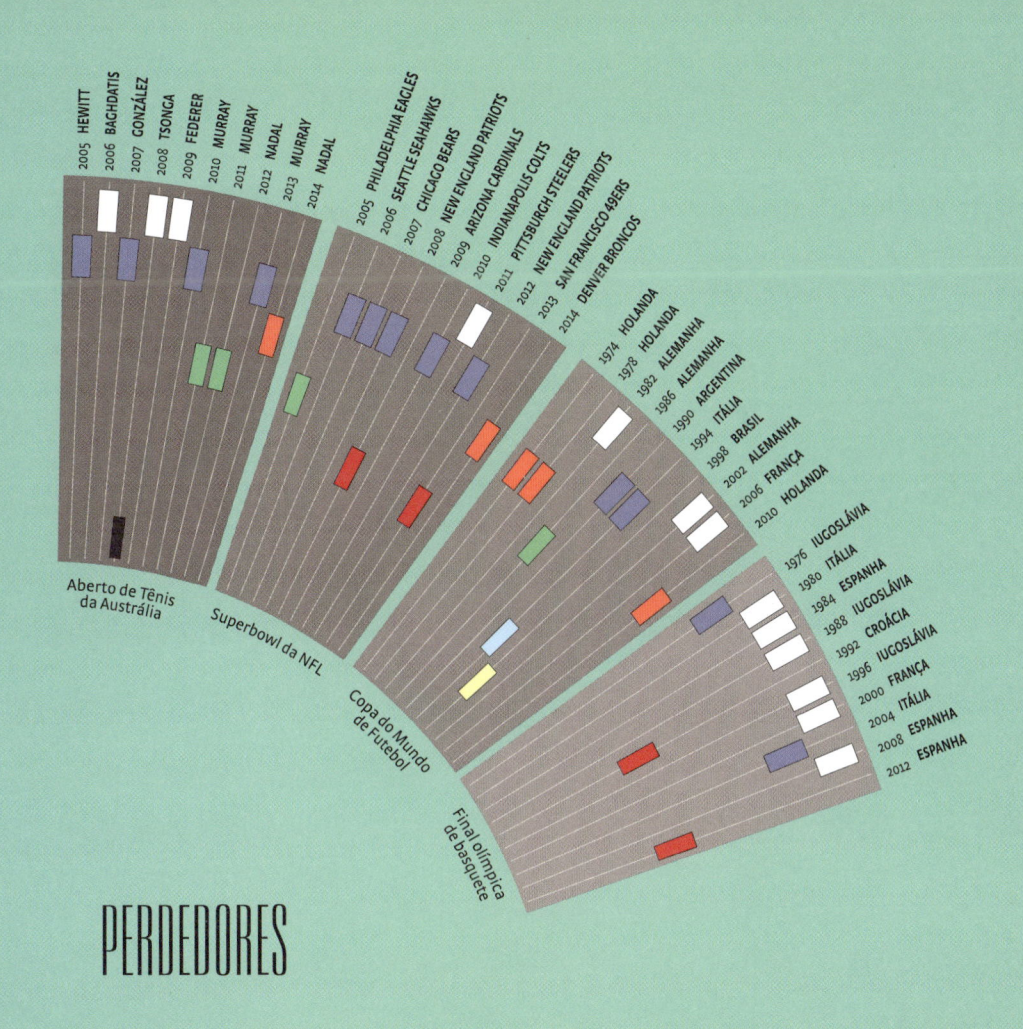

VISTA BRANCO PARA **GANHAR**

Será que existe alguma cor que dê sorte no esporte? Tem muito esportista que acha que sim, e, usando cinco esportes diferentes como medida, parece que há algum fundamento na ideia de que determinada faixa de cor pode ajudar a alcançar o sucesso.

Aberto de Tênis da Austrália
- 2005 HEWITT
- 2006 BAGHDATIS
- 2007 GONZÁLEZ
- 2008 TSONGA
- 2009 FEDERER
- 2010 MURRAY
- 2011 MURRAY
- 2012 NADAL
- 2013 MURRAY
- 2014 NADAL

Superbowl da NFL
- 2005 PHILADELPHIA EAGLES
- 2006 SEATTLE SEAHAWKS
- 2007 CHICAGO BEARS
- 2008 NEW ENGLAND PATRIOTS
- 2009 ARIZONA CARDINALS
- 2010 INDIANAPOLIS COLTS
- 2011 PITTSBURGH STEELERS
- 2012 NEW ENGLAND PATRIOTS
- 2013 SAN FRANCISCO 49ERS
- 2014 DENVER BRONCOS

Copa do Mundo de Futebol
- 1974 HOLANDA
- 1978 HOLANDA
- 1982 ALEMANHA
- 1986 ALEMANHA
- 1990 ARGENTINA
- 1994 ITÁLIA
- 1998 BRASIL
- 2002 ALEMANHA
- 2006 FRANÇA
- 2010 HOLANDA

Final olímpica de basquete
- 1976 IUGOSLÁVIA
- 1980 ITÁLIA
- 1984 ESPANHA
- 1988 IUGOSLÁVIA
- 1992 CROÁCIA
- 1996 IUGOSLÁVIA
- 2000 FRANÇA
- 2004 ITÁLIA
- 2008 ESPANHA
- 2012 ESPANHA

wikipedia.org

O JOGO DE ALI

Muhammad Ali começou sua carreira dançando em volta de seus oponentes, enquanto desferia golpes; explicava sua técnica pela metáfora "flutuar como uma borboleta, ferroar como uma abelha". Ao ficar mais velho, passou a tomar alguns golpes, mas sempre se movia e batia. A seguir, quatro das mais famosas lutas de Ali e seus movimentos nelas.

ALI × SONNY LISTON

Miami Beach, EUA
25 de fevereiro de 1964
6 rounds, nocaute para Ali

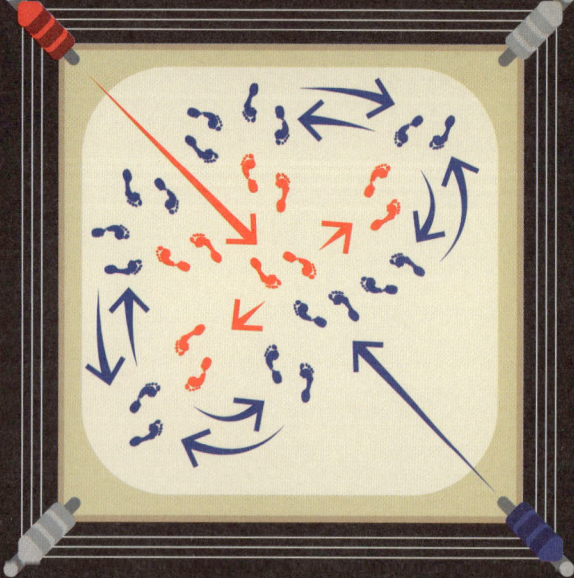

Ali flutuou ao redor de Liston, que ficou plantado no centro do ringue, enquanto lhe aplicava ferroadas como uma abelha.

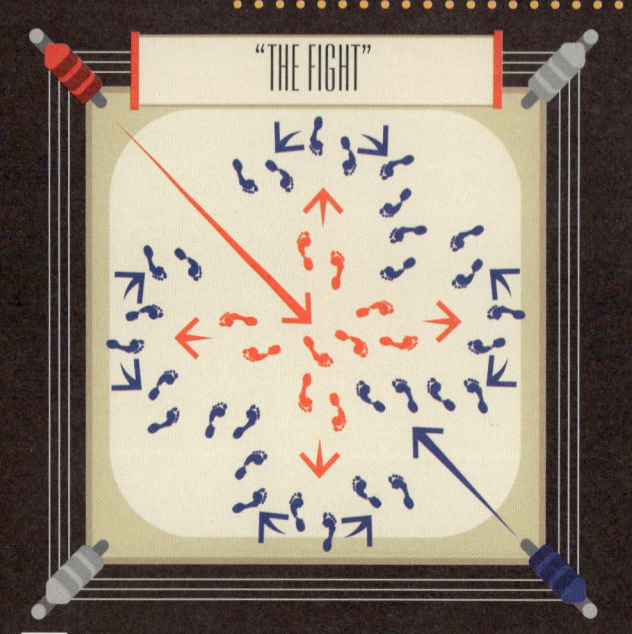

"THE FIGHT"

ALI × JOE FRAZIER

"The Fight"
Nova York, EUA
8 de março de 1971
15 rounds, vitória de Frazier por pontos

Ali flutuou, mas Frazier acertou-o no fim do terceiro assalto e o manteve nas cordas durante 3 assaltos, até que Ali voltou a flutuar.

"THE RUMBLE IN THE JUNGLE"

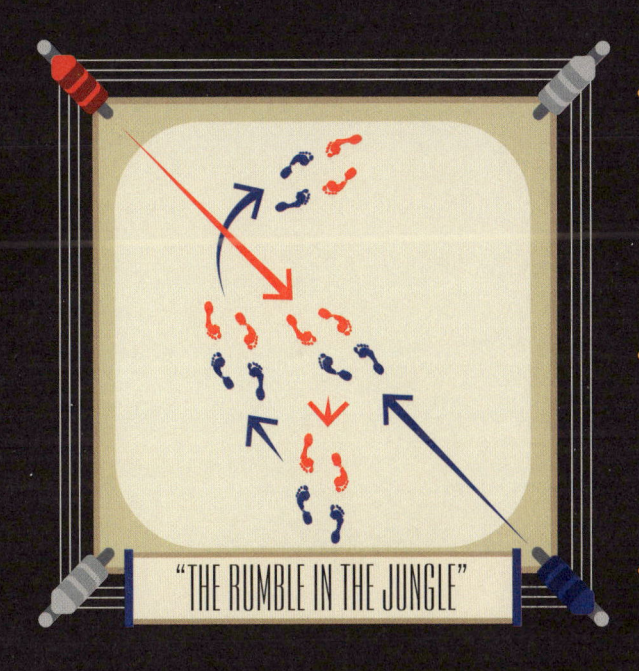

ALI × GEORGE FOREMAN

"The Rumble in the Jungle"
Kinshasa, Zaire
30 de outubro de 1974
8 rounds, nocaute para Ali

Ali ficou nas cordas e aguentou Foreman bater nos seus braços durante 5 assaltos, até que partiu para cima dele como uma avalanche.

ALI × JOE FRAZIER III

"The Thrilla in Manila"
Cidade Quezon, Filipinas
1º de outubro de 1975
14 assaltos, nocaute para Ali

"THE THRILLA IN MANILA"

Ali flutuou em volta de Frazier por 3 assaltos; no sexto, Joe jogou Ali nas cordas e desceu o braço. Depois eles trocaram golpes, com Joe no meio do ringue, seu rosto cada vez mais inchado.

A **BATIDA** MAIS FORTE

Muitos esportes consistem em bater uma coisa em outra. Há tacos e raquetes das mais variadas formas e tamanhos, e, como seria de esperar, eles podem aplicar vários graus de força. Mas qual é o mais eficiente?

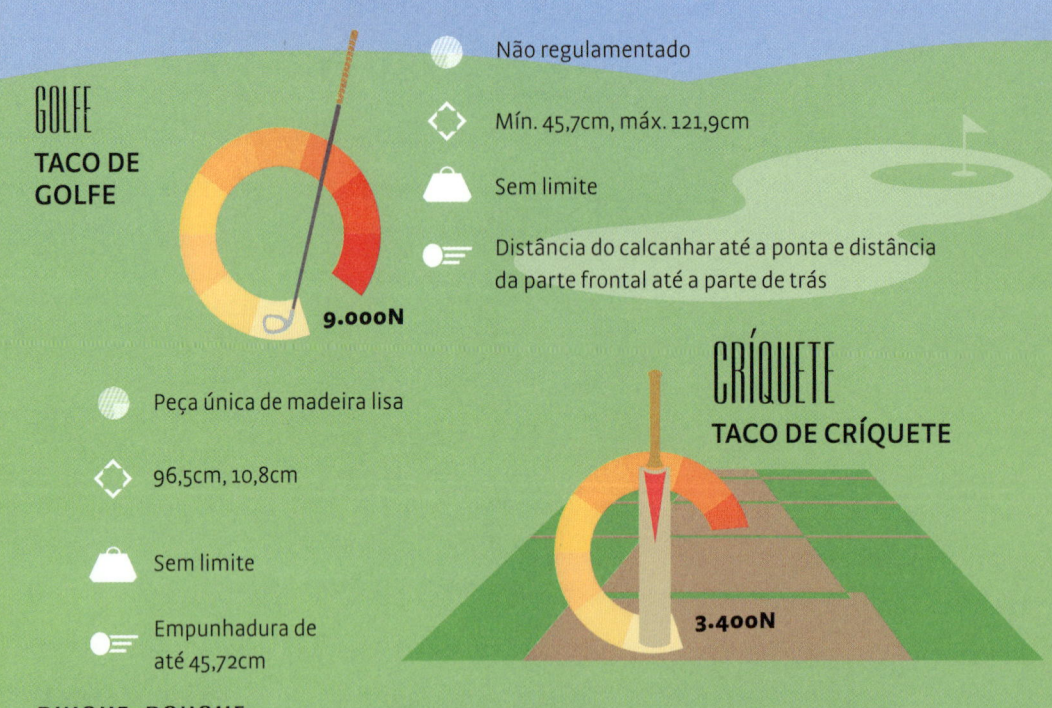

GOLFE
TACO DE GOLFE

- Não regulamentado
- Mín. 45,7cm, máx. 121,9cm
- Sem limite
- Distância do calcanhar até a ponta e distância da parte frontal até a parte de trás

9.000N

CRÍQUETE
TACO DE CRÍQUETE

- Peça única de madeira lisa
- 96,5cm, 10,8cm
- Sem limite
- Empunhadura de até 45,72cm

3.400N

PINGUE-PONGUE
RAQUETE DE PINGUE-PONGUE

- 85% madeira, camada adesiva de outro material com até 7,5% da espessura total (ou 0,35mm no máximo)
- 25cm, 15cm
- Sem limite
- Sem limite, a superfície pode ser de borracha com pinos. Se os pinos forem externos, a espessura máxima da borracha é de 2mm; se forem internos, a espessura máxima do "sanduíche" de borracha é de 4mm

- 🟡 material de que é feito
- ◇ tamanho – comprimento e largura
- 👜 peso
- ⭕ força – em Newtons (N)
- 👁‍🗨 área de contato – comprimento e largura

BEISEBOL
TACO DE BEISEBOL

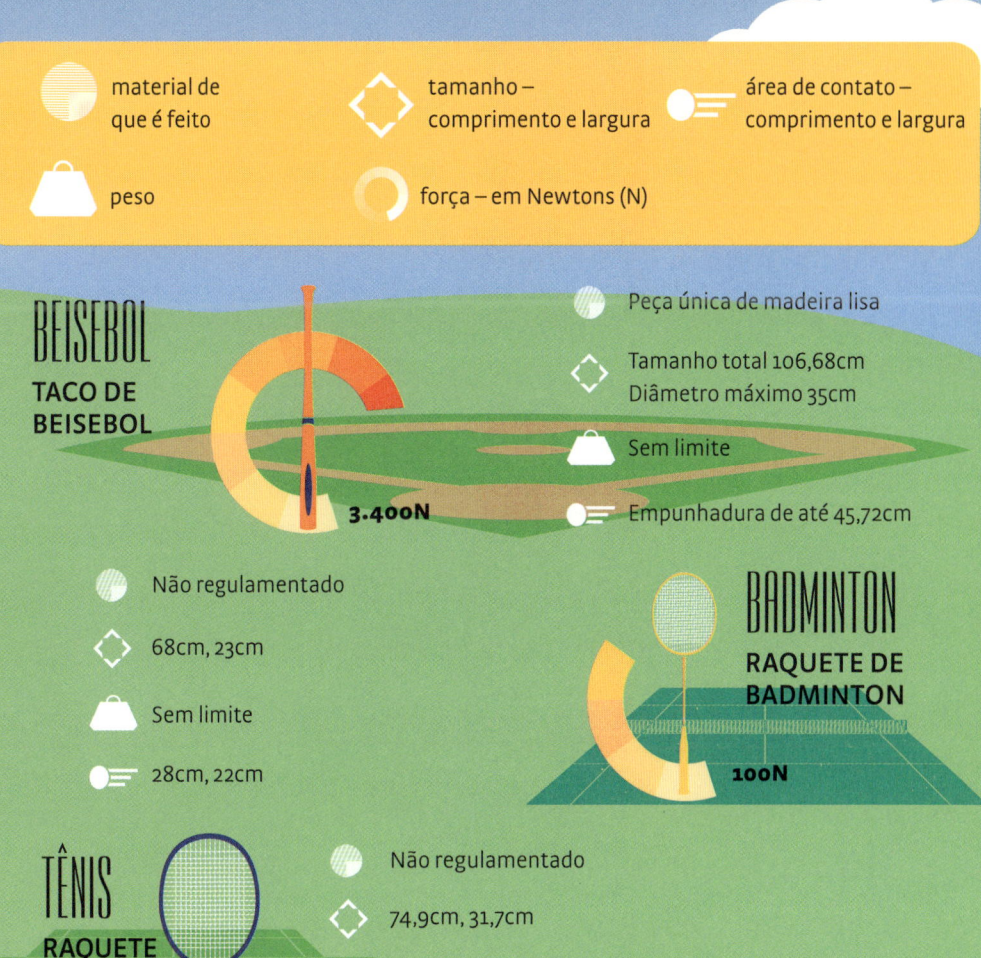

- 🟡 Peça única de madeira lisa
- ◇ Tamanho total 106,68cm / Diâmetro máximo 35cm
- 👜 Sem limite
- 👁‍🗨 Empunhadura de até 45,72cm
- ⭕ 3.400N

BADMINTON
RAQUETE DE BADMINTON

- 🟡 Não regulamentado
- ◇ 68cm, 23cm
- 👜 Sem limite
- 👁‍🗨 28cm, 22cm
- ⭕ 100N

TÊNIS
RAQUETE DE TÊNIS

- 🟡 Não regulamentado
- ◇ 74,9cm, 31,7cm
- 👜 Sem limite
- 👁‍🗨 39,4cm, 29,2cm
- ⭕ 23 N

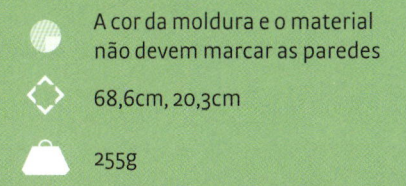

SQUASH
RAQUETE DE SQUASH

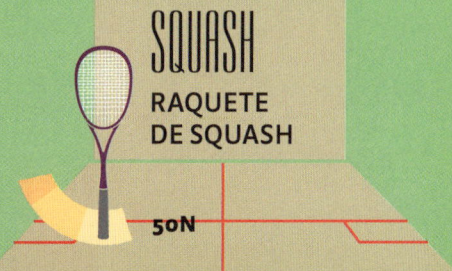

- 🟡 A cor da moldura e o material não devem marcar as paredes
- ◇ 68,6cm, 20,3cm
- 👜 255g
- 👁‍🗨 Área máxima 500cm²
- ⭕ 50N

VORSPRUNG DURCH TECHNIK*

Desde que começaram os Campeonatos Mundiais de Rali em 1973, o carro vencedor é depois vendido em uma versão para o grande público. Veja a seguir a comparação entre o vencedor do rali e a versão popular, em tamanho e potência do motor.

CARRO DO RALI — cc do motor (laranja) — **PAÍS/ANO** — Potência em BHP (amarelo) — **VERSÃO DE RUA**

CC	Carro do Rali	BHP	País/Ano	CC	Versão de Rua	BHP
1605	ALPINE RENAULT A110	138	França 1973	1605	RENAULT 17TS 8V	107
2419	LANCIA STRATOS HF	187	Itália 1974	2419	LANCIA STRATOS	187
2419	LANCIA STRATOS HF	187	Itália 1975	2419	LANCIA STRATOS	187
2419	LANCIA STRATOS HF	187	Itália 1976	2419	LANCIA STRATOS	187
1995	FIAT 131 ABARTH	212	Itália 1977	1995	FIAT 131 ABARTH	137
1995	FIAT 131 ABARTH	212	Itália 1978	1995	FIAT 131 ABARTH	137
1993	FORD ESCORT RS1800	250	EUA/RU 1979	1993	FORD ESCORT RS1800	113
1995	FIAT 131 ABARTH	212	Itália 1980	1995	FIAT 131 ABARTH	137
2172	TALBOT SUNBEAM LOTUS	250	Itália 1981	2172	TALBOT SUNBEAM LOTUS	150
2144	AUDI QUATTRO	350	Alemanha 1982	2144	AUDI QUATTRO	197
2111	LANCIA 037	331	Itália 1983	1995	LANCIA 037 RALLYE	205
2109	AUDI QUATTRO	370	Alemanha 1984	2133	AUDI QUATTRO S1	302
1775	PEUGEOT 205 TURBO 16	350	França 1985	1775	PEUGEOT 205 T16	197
1775	PEUGEOT 205 TURBO 16 E2	430	França 1986	1775	PEUGEOT 205 T16	197
1995	LANCIA DELTA HF 4WD	250	Itália 1987	1995	LANCIA DELTA HF 4WD TURBO	165
1995	LANCIA DELTA INTEGRALE	250	Itália 1988	1995	LANCIA DELTA HF 4WD INTEGRALE 8V	185
1995	LANCIA DELTA INTEGRALE	345	Itália 1989	1995	LANCIA DELTA INTEGRALE 16V	197
1995	LANCIA DELTA INTEGRALE 16V	345	Itália 1990	1995	LANCIA DELTA INTEGRALE 16V	197
1995	LANCIA DELTA INTEGRALE 16V	345	Itália 1991	1995	LANCIA DELTA INTEGRALE 16V	197
1998	LANCIA DELTA HF INTEGRALE	215	Itália 1992	1998	LANCIA DELTA HF INTEGRALE	178

*Slogan da Audi, empresa automobilística alemã: "Na vanguarda da tecnologia".

1998	TOYOTA CELICA TURBO 4WD	299	Japão 1993	1998	TOYOTA CELICA GT-4	201
1998	TOYOTA CELICA TURBO 4WD	299	Japão 1994	1998	TOYOTA CELICA GT-4	201
1994	SUBARU IMPREZA 555	295	Japão 1995	1998	SUBARU IMPREZA 22B STI	276
1994	SUBARU IMPREZA 555	295	Japão 1996	1998	SUBARU IMPREZA S201 STI	296
1994	SUBARU IMPREZA WRC	300	Japão 1997	1998	SUBARU IMPREZA WRX STI TYPE RA	276
1997	MITSUBISHI LANCER EVOLUTION V	280	Japão 1998	1997	MITSUBISHI LANCER EVO V GSR GF-CP9A	276
1972	TOYOTA COROLLA WRC	299	Japão 1999	1587	TOYOTA COROLLA RXI	154
1997	PEUGEOT 206 WRC	300	França 2000	1997	PEUGEOT 206 RC	174
1997	PEUGEOT 206 WRC	300	França 2001	1997	PEUGEOT 206 RC	174
1997	PEUGEOT 206 WRC	300	França 2002	1997	PEUGEOT 206 RC	174
1998	CITROEN XSARA WRC	315	França 2003	1998	CITROEN XSARA VTS / FWD	161
1998	CITROEN XSARA WRC	315	França 2004	1998	CITROEN XSARA VTS / FWD	161
1998	CITROEN XSARA WRC	315	França 2005	1998	CITROEN XSARA VTS / FWD	161
1998	FORD FOCUS RS WRC 06	300	EUA/RU 2006	1998	FORD FOCUS RS	301
1998	FORD FOCUS RS WRC 06/07	300	EUA/RU 2007	1998	FORD FOCUS RS	301
1998	CITROEN C4 WRC	315	França 2008	1998	CITROEN C4 COUPE 2.0i16V	178
1998	CITROEN C4 WRC	315	França 2009	1998	CITROEN C4 COUPE 2.0i16V	178
1998	CITROEN C4 WRC	315	França 2010	1998	CITROEN C4 COUPE 2.0i16V	178
1598	CITROEN DS3 WRC	300	França 2011	1598	CITROEN DS3 RACING	200
1598	CITROEN DS3 WRC	300	França 2012	1598	CITROEN DS3 RACING	200
1600	VOLKSWAGEN POLO R WRC	315	Alemanha 2013	1600	VOLKSWAGEN POLO R WRC	217

wikipedia.org, carfolio.com

DINHEIRO GRANDE

Tamanho faz diferença no esporte? Você pode (quase) apostar que faz. Como este gráfico mostra, alguns centímetros a mais de altura pesam bastante na jornada para o sucesso.

ATLETISMO | BASQUETE

Altura em cm	195	183	160	231
	Usain Bolt	Valeriy Borzov	Tyrone Bogues	Gheorghe Mureșan

Atletismo:
- Melhor 100m: 9,58 / 10,07
- Melhor 200m: 19,19 / 20,00
- Medalhas Olímpicas: 4 / 2

Basquete:
- Pontos (por partida): 6858 / 7,7 — 3020 / 9,8
- Assistências (por partida): 6726 / 7,6 — 1957 / 6,4
- Roubadas ou bloqueios (por partida): 1369 / 1,5 — 455 / 1,5

BOXE TÊNIS TURFE

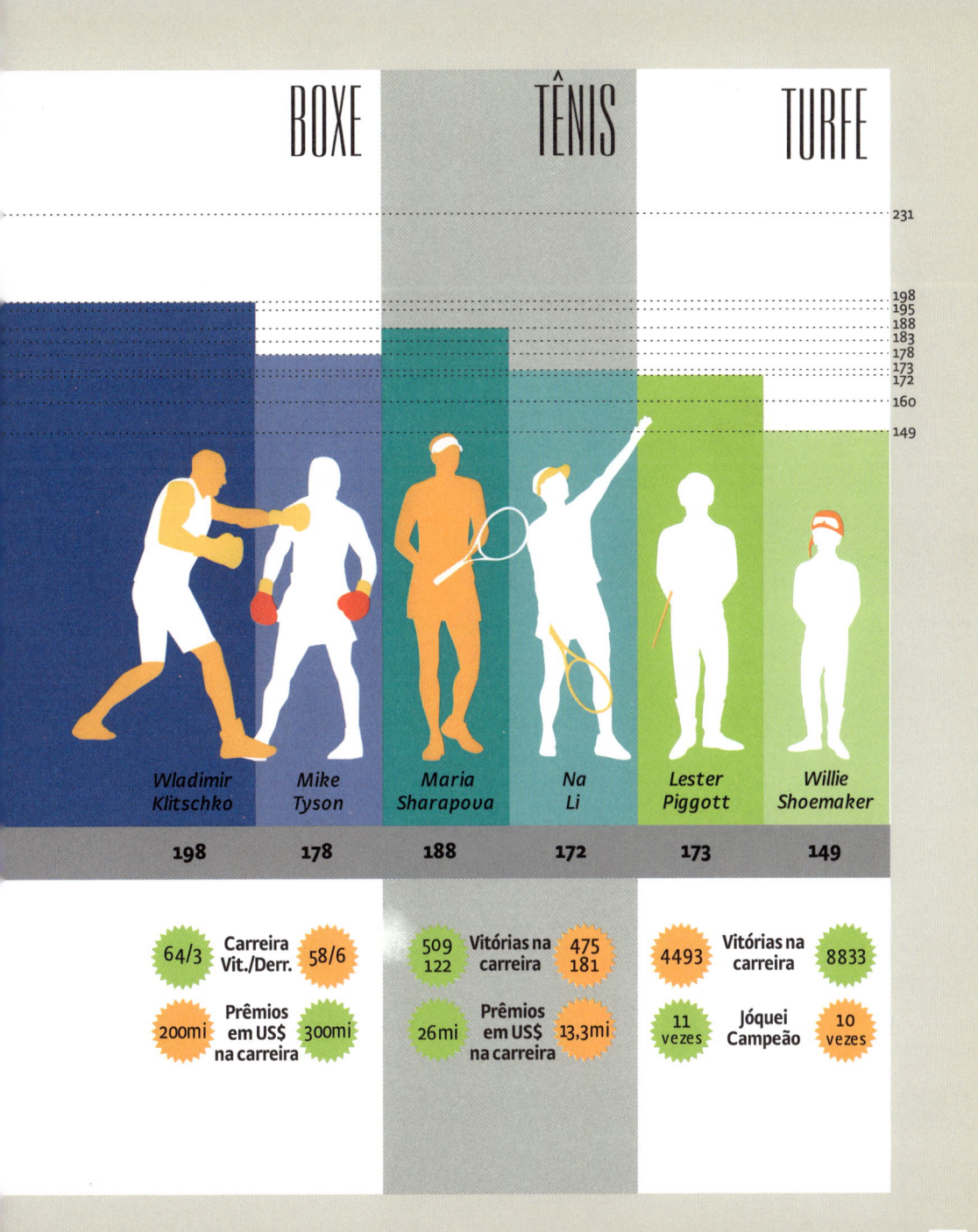

231
198
195
188
183
178
173
172
160
149

Wladimir Klitschko	Mike Tyson	Maria Sharapova	Na Li	Lester Piggott	Willie Shoemaker
198	178	188	172	173	149

Boxe
- 64/3 — Carreira Vit./Derr. — 58/6
- 200mi — Prêmios em US$ na carreira — 300mi

Tênis
- 509 / 122 — Vitórias na carreira — 475 / 181
- 26mi — Prêmios em US$ na carreira — 13,3mi

Turfe
- 4493 — Vitórias na carreira — 8833
- 11 vezes — Jóquei Campeão — 10 vezes

iaaf.org, basketball-reference.com, wtatennis.com

QUEBRANDO A COSTELA DE ADÃO

Se os esportes variam conforme o gênero, talvez algo nesse sentido explique por que homens e mulheres são remunerados de formas diferentes. As mulheres se igualam em algumas áreas, mas ainda têm bom caminho a percorrer.

ESPORTES QUE PAGAM O MESMO PRÊMIO EM DINHEIRO PARA HOMENS E MULHERES

- Grand Slams de Tênis da ATP e WTA
- Maratonas em grandes cidades
- Competições de natação internacionais da FINA
- International Weightlifting Federation e Commonwealth WF Championships
- Badminton World Federation World Superseries
- International Aerobics Foundation World Cup 2014
- International Race Walking

Distribuição percentual por sexo de pessoas a partir de 15 anos de idade que praticam esportes ou se exercitam diariamente, por atividade

Atividade	% de homens	% de mulheres	Atividade	% de homens	% de mulheres
Basquete	86	14	Corrida	58	42
Golfe	82	18	Trilha	56	44
Futebol	80	20	Boliche	54	46
Beisebol, softball	72	28	Dança	44	56
Esportes de raquete	69	31	Caminhada	43	57
Ciclismo	66	34	Ioga	20	80
Halterofilismo	64	36	Aeróbica	17	83
Natação, surfe, esqui aquático				47	53
Usando equipamento cardiovascular				44	56

ESPORTES QUE PAGAM CONFORME O GÊNERO
(valores de 2013, em US$)

Valor Masculino	Valor Feminino	Descrição
$7,5mi	$3,25mi	Prêmio para o vencedor do US Open de golfe masculino / Prêmio para a vencedora do US Open de golfe feminino
$5,2mi	$72.000	Salário médio no basquete profissional masculino da NBA / Salário médio no basquete profissional feminino da NBA
$70.000	$15.000	Salário médio na liga principal de futebol masculino / Salário médio na liga principal de futebol feminino
$107.000	$30.000	Salário médio na divisão mais baixa de futebol masculino do RU / Salário médio na liga de futebol feminino do RU
$3,27mi	$7.500	Salário médio na liga principal de beisebol masculino nos EUA / Salário médio na liga de softball feminino nos EUA
$123.000	$608	Ciclista homem vencedor do Giro d'Itália / Ciclista mulher vencedora do Giro Rosa (Itália) — Nota: não há Tour de France para mulheres
$45.600	$17.850	Prêmio para homens no International Squash Open Tournament / Prêmio para mulheres no International Squash Open Tournament
$450.000	$120.000	Prêmio para homens no Campeonato Mundial de Surfe / Prêmio para mulheres no Campeonato Mundial de Surfe

bls.gov, wikipedia.org, fina.org, usatoday.com, iwf.net, active.com, equalizersoccer.com

TACADA **PERFEITA**

O balanço do golfe é talvez o movimento do esporte mais analisado da história. Deveria ser simples, afinal, no golfe, a bola fica parada. Mova a cabeça do taco o mais distante que puder e então traga-a para a frente em bom ritmo e mande a bola o mais longe possível em linha reta. Só isso.

PREPARAÇÃO

1 Pés afastados, braços retos, pulso firme, a bola mais perto do pé frontal, mas não longe demais do centro da sua posição.

O BACK SWING
(BALANÇO PARA TRÁS)

2 No início do back swing – primeiros 60cm – a cabeça do taco recua em linha reta, e o torso gira na altura do peito.

3 O taco agora fica na vertical e ainda em linha com o local onde você quer mandar a bola. Braços retos e paralelos entre si e com o chão.

4 O back swing continua até o taco ficar na horizontal – deve apontar bem para trás.

DOWN SWING E STRIKE
(BALANÇO EM DESCENSO E BATIDA)

5 Taco atrás da cabeça, paralelo ao chão, olhos ainda na bola. Os quadris giram de modo que sua parte frontal aponte para a bola.

6 Ao voltar, na metade do descenso, o taco vem paralelo ao chão, ainda no plano da batida. O peso começa a se mover para a frente.

7 Impacto na bola. O peso agora passa à perna frontal. A face do taco fica perpendicular à direção do trajeto. A cabeça do taco fica bem acima da bola. Uma linha ligando as pontas dos seus quadris deve estender-se na direção do alvo.

8 Continue o movimento, com a cabeça seguindo a linha do alvo, olhos ainda no local onde a bola estava.

9 No fim, quadris perpendiculares ao alvo, cabeça erguida, taco atrás da cabeça.

DIA DOS ESPORTES
NACIONAIS

- Canadá (gelo, inverno/lacrosse)
- EUA
- Bermudas
- Bahamas (velejar de chalupa)
- Ilhas Turks e Caicos
- México
- Cuba
- República Dominicana
- Jamaica
- Antígua e Barbados
- Barbados
- Granada
- Guiana
- Colômbia (tejo)
- Peru (paleta frontón)
- Brasil (capoeira)
- Paraguai
- Chile
- Uruguai
- Argentina (pato)

Não tradicional, mas muito popular

Tradicional

96

O futebol acabou virando o esporte "nacional" de muitos países, mas ainda há inúmeras pessoas que optam por desportos mais tradicionais, desenvolvidos e praticados apenas em seus países. Veja os esportes mais populares, tradicionais ou adotados, nos diversos países do mundo.

- Noruega (cross-country)
- Suécia (bandy, uma variação)
- Finlândia (pesapallo)
- Lituânia
- Letônia (verão/gelo, inverno)
- Dinamarca
- País de Gales (rúgbi)
- Inglaterra (verão)
- Eslovênia (alpino)
- República Tcheca (gelo)
- Rússia (gelo)
- Bulgária
- Espanha (corrida de touros)
- Grécia (greco-romana)
- Turquia (yagli gures)
- Iraque
- Irã (koshti)
- Israel
- Mongólia
- China (tênis de mesa)
- Japão (sumô)
- Paquistão (campo)
- Butão
- Bangladesh (kabaddi)
- Índia (campo)
- Sri Lanka (vôlei)
- Filipinas (armis)
- Papua-Nova Guiné (fut. amer.)
- Madagascar (rúgbi)
- Maurícia
- Austrália
- Nova Zelândia (rúgbi)

Exclusivo

wikipedia.org

CONCORRENTE A — O FAVORITO
VS
CONCORRENTE B — O AZARÃO

UM DEVE GANHAR, NÃO HÁ EMPATE

4/6
(1,67) **A**

$$\text{Margem} = \frac{1}{1,67} + \frac{1}{1,67} = 1,2$$

Os 0,2 são a proteção da casa de apostas. Não garantem lucro, mas lhe dão a vantagem.

QUAIS SÃO AS **CHANCES?**

No jogo, mesmo quando o azarão ganha, a casa de apostas também fatura. Mas como? O denominador comum em todos os mercados do gênero, desde corridas de dois cavalos (uma partida de tênis), de três cavalos (quando um empate pode contar) a corridas com quarenta cavalos, é que o agenciador trabalha com uma margem de proteção. Veja como eles fazem isso.

B 11/10
(2,1)

Você pode entender melhor a questão quando as "chances reais" de uma corrida de dois cavalos são equilibradas, mas as probabilidades oferecidas ainda dão uma margem. Para um cara e coroa a regra deveria ser:

Cara 1/1 (2) **V** Coroa 1/1 (2)   Margem = $\frac{1}{2} + \frac{1}{2} = 1{,}00$

Mas seria expressa como:

Cara 5/6 (1,83) **V** Coroa 5/6 (1,83)

Margem = $\frac{1}{1{,}83} + \frac{1}{1{,}83} = 1{,}09$

Em uma corrida de cavalos funciona do mesmo jeito, mas com mais probabilidades:

Cavalo A	11/10	2,1
Cavalo B	13/8	2,62
Cavalo C	7/1	8
Cavalo D	12/1	13
Cavalo E	20/1	21
Cavalo F	25/1	26
Cavalo G	25/1	26
Cavalo H	50/1	51

Nesse caso a margem é de 1,2

Obviamente, se todos apostassem no Concorrente A ou Cavalo A, a casa de apostas perderia, mas essa é a arte de construir um mercado. As probabilidades mudam conforme o dinheiro é apostado, de modo que, com a ajuda de uma boa margem de proteção, as casas de apostas ganham seja quem for o vencedor.

OS CAMPEÕES **DO SOFÁ**

Alguns acontecimentos ao vivo unem o mundo inteiro – o funeral da princesa Diana em 1997 teve 2,5 bilhões de espectadores –, enquanto outros atraem os fãs de esporte à TV em números que excedem muito a multidão presente no evento em si (a corrida de F1 de 2010, no Bahrein, que tem 1,3 milhão de habitantes, foi vista por 54 milhões de pessoas). A seguir, os eventos mais assistidos nas nações mais ligadas ao universo dos esportes.

30/01/05 — Final masculina do Aberto da Austrália; Safin x Hewitt
- Tênis — 4.045.000 — 18%
- Austrália [22,38mi]

28/02/10 — Final olímpica masculina, EUA x Canadá
- Hóquei no gelo — 16.600.000 — 48,8%
- Canadá [34mi]

28/06/12 — Semifinal da Eurocopa, Itália x Alemanha
- Futebol — 23.255.000 — 39%
- Itália [59,4mi]

09/11/13 — Final da Liga dos Campeões da AFC; Guangzhou Evergrande x FC Seoul
- Futebol — 30.000.000 — 2,2%
- China [1,354bi]

[ ] População   ▢ Evento   ▬ Data   •⋯○ Espectadores   🔦 % da pop.

07/07/10 — Semifinal da Copa do Mundo, Alemanha x Espanha
30/07/66 — Final da Copa do Mundo, Inglaterra x Alemanha
05/02/12 — SuperBowl, New York Giants x New England
02/04/11 — Final do Mundial, Índia x Sri Lanka

Futebol — 31.100.000 — 38%
Futebol — 32.300.000 — 59%
Futebol americano — 111.300.000 — 35,6%
Críquete — 135.000.000 — 11%

Alemanha [82mi]   Grã-Bretanha [54,6mi]   EUA [312,8mi]   Índia [1,2bi]

wikipedia.org

NOMES DE **SUCESSO**

Desde os tempos antigos, as pessoas dão aos filhos nomes de deuses e deusas, heróis e heroínas. Hoje os astros do esporte se tornaram fonte de inspiração para as designações onomásticas. Veja a relevância de esportistas célebres no ranking dos mil nomes de bebês mais comuns nos EUA ao longo de várias décadas.

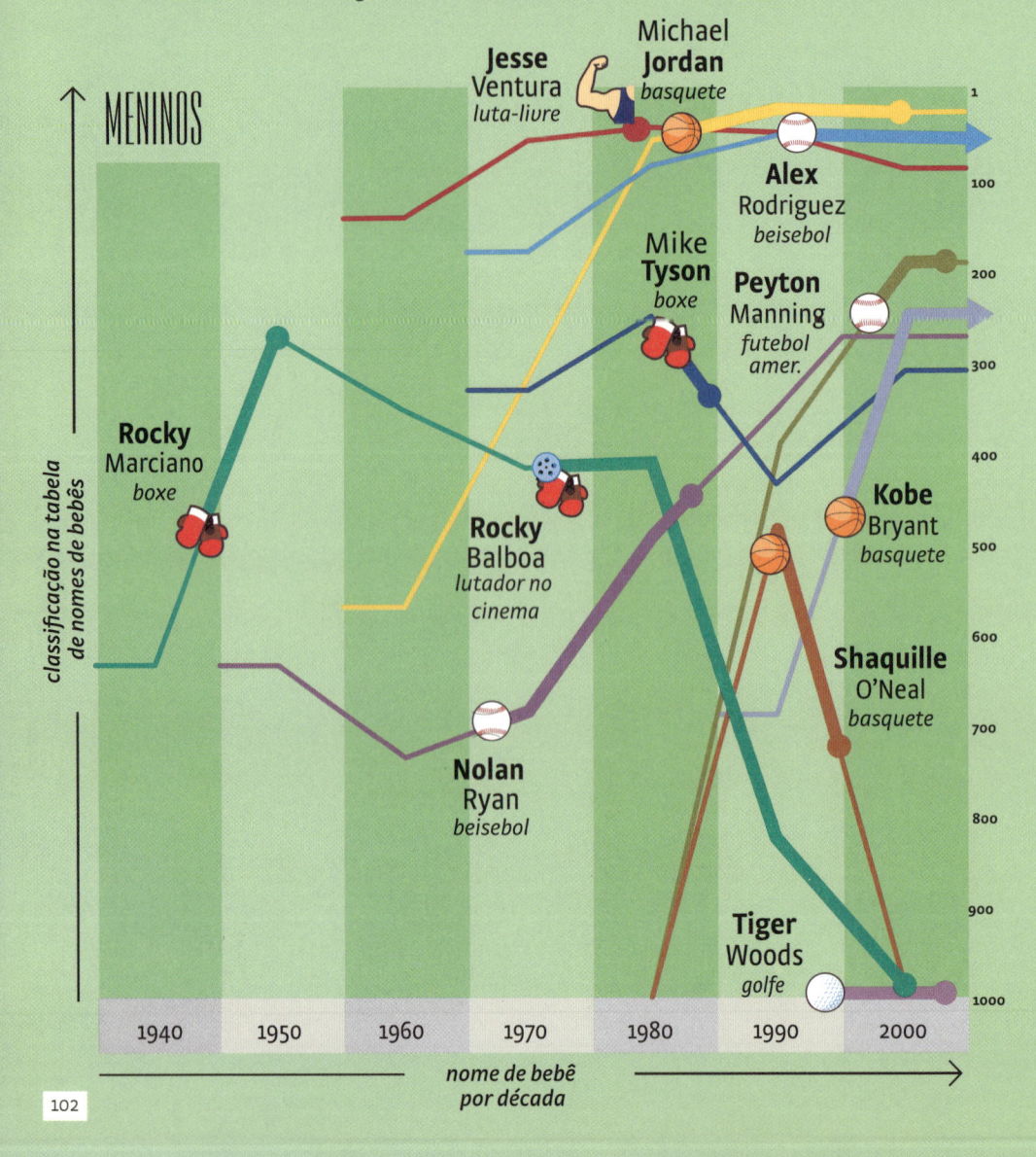

MENINOS

classificação na tabela de nomes de bebês

Rocky Marciano — boxe
Jesse Ventura — luta-livre
Michael Jordan — basquete
Alex Rodriguez — beisebol
Mike Tyson — boxe
Peyton Manning — futebol amer.
Rocky Balboa — lutador no cinema
Kobe Bryant — basquete
Shaquille O'Neal — basquete
Nolan Ryan — beisebol
Tiger Woods — golfe

1940 — 1950 — 1960 — 1970 — 1980 — 1990 — 2000

nome de bebê por década

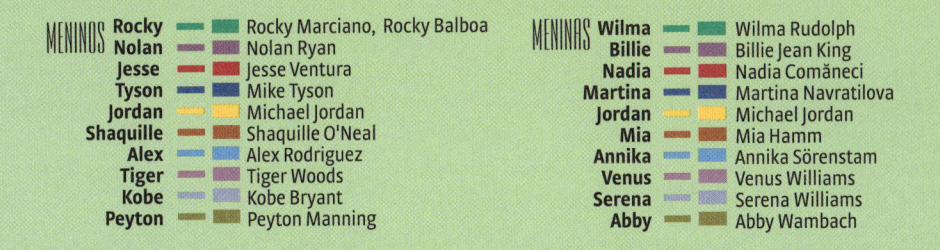

MENINOS			MENINAS		
Rocky	—	Rocky Marciano, Rocky Balboa	Wilma	—	Wilma Rudolph
Nolan	—	Nolan Ryan	Billie	—	Billie Jean King
Jesse	—	Jesse Ventura	Nadia	—	Nadia Comăneci
Tyson	—	Mike Tyson	Martina	—	Martina Navratilova
Jordan	—	Michael Jordan	Jordan	—	Michael Jordan
Shaquille	—	Shaquille O'Neal	Mia	—	Mia Hamm
Alex	—	Alex Rodriguez	Annika	—	Annika Sörenstam
Tiger	—	Tiger Woods	Venus	—	Venus Williams
Kobe	—	Kobe Bryant	Serena	—	Serena Williams
Peyton	—	Peyton Manning	Abby	—	Abby Wambach

MENINAS

Wilma Rudolph — *corrida de velocidade*

Michael Jordan — *basquete*

Abby Wambach — *futebol*

Billie Jean King — *tênis*

Mia Hamm — *futebol*

Serena Williams — *tênis*

Nadia Comăneci — *ginástica*

Martina Navratilova — *tênis*

Annika Sörenstam — *golfe*

Venus Williams — *tênis*

classificação na tabela de nomes de bebês

1940 1950 1960 1970 1980 1990 2000

nome de bebê por década

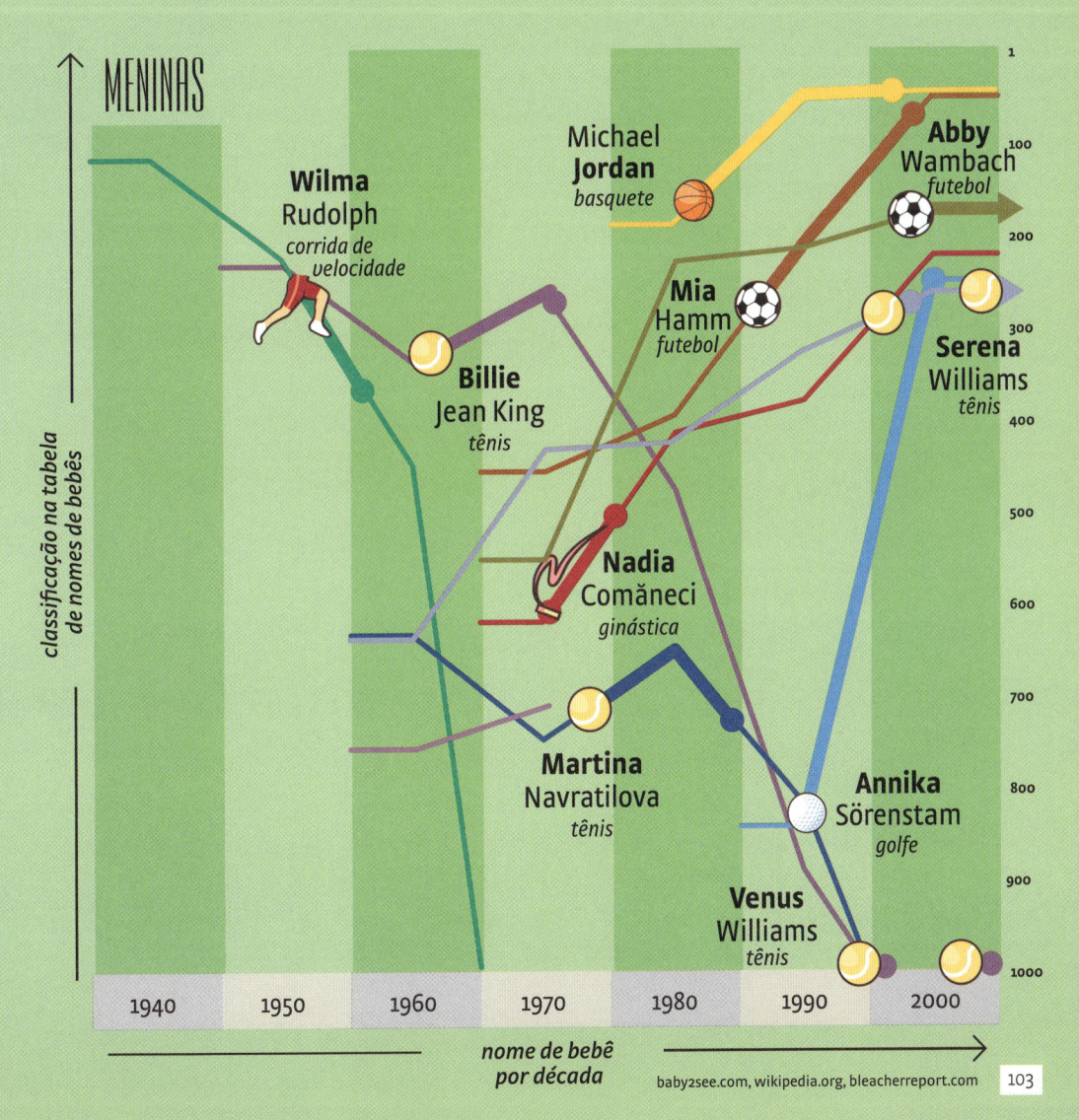

baby2see.com, wikipedia.org, bleacherreport.com

103

COMPRE **QUALQUER** INGRESSO

O custo de um ingresso para evento esportivo varia muito conforme a modalidade e a ocasião. As vendas secundárias de ingressos, por meios oficiais ou por cambistas, elevam os preços. No entanto, o preço-padrão para eventos esportivos grandes e pequenos ao redor do mundo com frequência é mais alto ou mais baixo do que se imagina, como mostra a comparação a seguir.

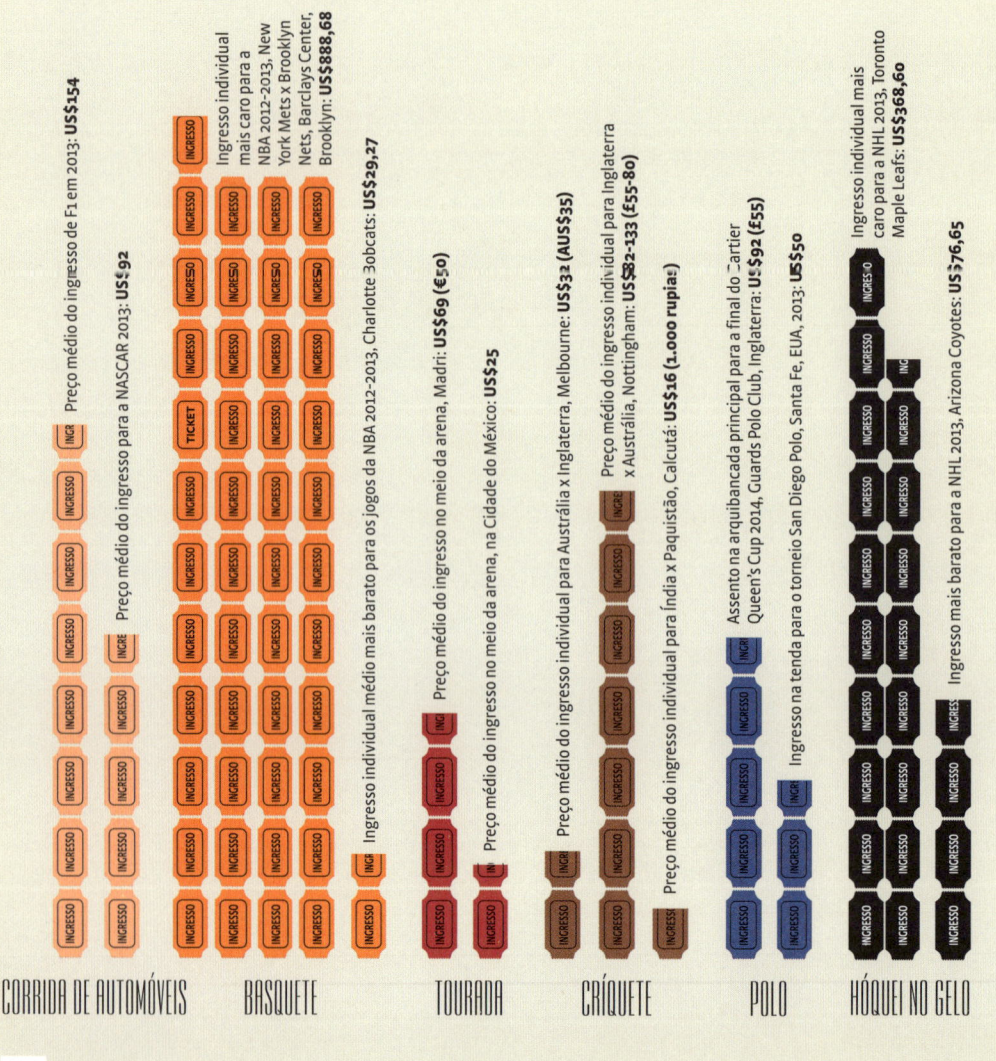

CORRIDA DE AUTOMÓVEIS
- Preço médio do ingresso de F1 em 2013: US$154
- Preço médio do ingresso para a NASCAR 2013: US$92

BASQUETE
- Ingresso individual mais caro para a NBA 2012-2013, New York Nets x Brooklyn Nets, Barclays Center, Brooklyn: US$888,68
- Ingresso individual mais barato para os jogos da NBA 2012-2013, Charlotte Bobcats: US$29,27

TOURADA
- Preço médio do ingresso no meio da arena, Madri: US$69 (€50)
- Preço médio do ingresso no meio da arena, na Cidade do México: US$25

CRÍQUETE
- Preço médio do ingresso individual para Austrália x Inglaterra, Melbourne: US$32 (AUS$35)
- Preço médio do ingresso individual para Inglaterra x Austrália, Nottingham: US$82-133 (£55-80)
- Preço médio do ingresso individual para Índia x Paquistão, Calcutá: US$16 (1.000 rupias)

POLO
- Assento na arquibancada principal para a final do Cartier Queen's Cup 2014, Guards Polo Club, Inglaterra: US$92 (£55)
- Ingresso na tenda para o torneio San Diego Polo, Santa Fe, EUA, 2013: US$50

HÓQUEI NO GELO
- Ingresso individual mais caro para a NHL 2013, Toronto Maple Leafs: US$368,60
- Ingresso mais barato para a NHL 2013, Arizona Coyotes: US$76,65

Preço médio do ingresso para as finais de 2015 da Rugby World Cup, Inglaterra: **US$118 (£71)**

Preço médio do ingresso para o jogo Springboks x All Blacks em 2013, Johannesburgo: **US$83**

Preço médio do ingresso mais barato para a English Premier League de 2012-2013: **US$781,24 (£467,95)**

Preço médio do ingresso mais barato para a Bundesliga 2012-2013: **US$345,95 (€251,64)**

Ingressos para a final masculina de Wimbledon, 2014: **US$247 (£148)**

Ingressos para a final feminina de Wimbledon, 2014: **US$207 (£124)**

Ingressos para as finais masculina e feminina (2 dias) em Roland Garros, 2014: **US$367 (€267)**

Preço médio para a ingresso individual no Masters dos EUA: **US$1.234**

Preço médio do ingresso para a PGA Championship: **US$182-295**

RÚGBI   FUTEBOL   TÊNIS   GOLFE

tickets.formula1.com, wimbledon.com/tickets, rolandgarros.fft, nhl.com, nba.com, wikipedia.org

ROTINA DO NADADOR VELOCISTA NO VERÃO

EM APENAS SETE DIAS

Seja qual for o esporte, atletas responsáveis precisam treinar pesado a semana toda. Veja como nadadores e corredores velocistas treinam na semana antes da competição.

7h30-10h
Nadar 3-7 mil m em piscina olímpica

15h-17h
30min de aquecimento, depois 3 mil m em ritmo bom. Desaquecer usando boias e flutuadores

17h30-19h
Treino de força

6h-8h
3 mil m em alta intensidade

17h-19h
Sessão aeróbica – 8 mil m de treino de resistência

Meio-dia
Descanso

15h-17h
Nadar 3 mil m, 30min de aquecimento e nados para desaquecer antes e depois

17h30-19h
Treino com pesos

ROTINA DO CORREDOR VELOCISTA

SEGUNDA
(alta intensidade)

7h-9h
Aquecimento (600m de corrida leve, alongamento, 200m de sprints), 5 vezes 20m, 30m, 40m subindo escada a 90-100% da velocidade (3min de intervalo entre cada subida), andar de volta à guisa de descanso

Circuito com saltos

2 sets de 10 saltos de obstáculos

Trabalho com pesos

Relaxamento

TERÇA
(baixa intensidade)

9h-11h
Aquecimento

Exercícios gerais de fortalecimento (abdominais, paradas de mão, agachamentos etc.), 2 sets de 20

Lançar bolas ou pesos, 2 sets de 10

Alongamento de pernas, 2 sets de 10

Levantamento de peso

Relaxamento

QUARTA
(alta intensidade)

7h-9h
Aquecimento

3 x 4 corridas de 100m com 3min de descanso entre elas e 5min de descanso entre os sets

Lançar bolas ou pesos

Treino de peso

Relaxamento

	QUINTA (baixa intensidade)	**SEXTA** (intensidade moderada)	**SÁBADO** (alta intensidade)	**DOMINGO** (pedalar de leve etc.)
	🕐 6h-8h Nadar 3 mil m, mais nados para aquecer e desaquecer	🕐 6h-8h Nadar 3 mil m, mais nados para aquecer e desaquecer	🕐 7h-9h Sessão na piscina de 3 mil m com 30min para aquecer e desaquecer usando flutuadores e boias	🕐 Descanso o dia todo
	🕐 17h-19h Sessão aeróbica – até 8 mil m de treino de resistência	🕐 17h-19h Sessão aeróbica – até 8 mil m de nado constante para treino de resistência	🕐 À tarde Descanso	
	🕐 9h-11h Aquecimento Fortalecimento geral 2 circuitos de 25 exercícios Jogar bolas ou pesos, set de 10 Alongar pernas, 2 sets de 10 Treino de peso Relaxamento	🕐 7h-9h Aquecimento Subir montanha em bom ritmo, 3 x 8 sets de 450m, andar de volta, descanso de 3min entre os sets 8 sets de 5 saltos de obstáculos Treino de peso Relaxamento	🕐 7h-9h Aquecimento Correr 2 rodadas de 2 sets de 250m a 85-90% da capacidade, descanso de 3-5min entre elas Passar o pé por cima de obstáculo e de volta, alternar com saltos em pé Treino de peso Relaxamento	🕐 Dia para descanso ativo

sportsmedicineabout.com, guardian.co.uk, wikihow.com, edb.utexas.edu

COMA PARA VENCER

As exigências de dieta de atletas de alto nível são sempre monitoradas pelos treinadores. Há alimentações especiais para muitos regimes de treino, para as diversas atividades, mas será que elas são de fato tão diferentes? A seguir, veja seis esportes e uma dieta típica para cada um deles.

BASQUETE
- Pré-treino
- No meio do treino
- Pós-treino

CORRIDA
- Pré-treino
- No meio do treino
- Pós-treino
- Pré-competição

FUTEBOL
- Pré-treino
- No meio do treino
- Pós-treino
- No dia do jogo

GOLFE

Pré-treino

No meio do treino

Pós-treino

TÊNIS

Pré-treino

No meio do treino

Pós-treino

NATAÇÃO

Pré-treino

Pós-treino

Café da manhã no dia da prova

Na competição, entre os aquecimentos

eatright.org, sportsnutritionhealth.org, extension.colostate.edu, wikipedia.org

POR QUE PAPAI QUERIA QUE EU
FOSSE UM ASTRO DO ESPORTE

Astros do esporte muito bem-sucedidos começam sua trajetória na infância e não sabem o que é um expediente normal de trabalho. Os pais muitas vezes tinham um emprego comum e esperavam que os filhos não precisassem seguir seus passos. Veja o contraste entre o que as personalidades esportivas faturam e o que iriam ganhar se tivessem o emprego do pai.

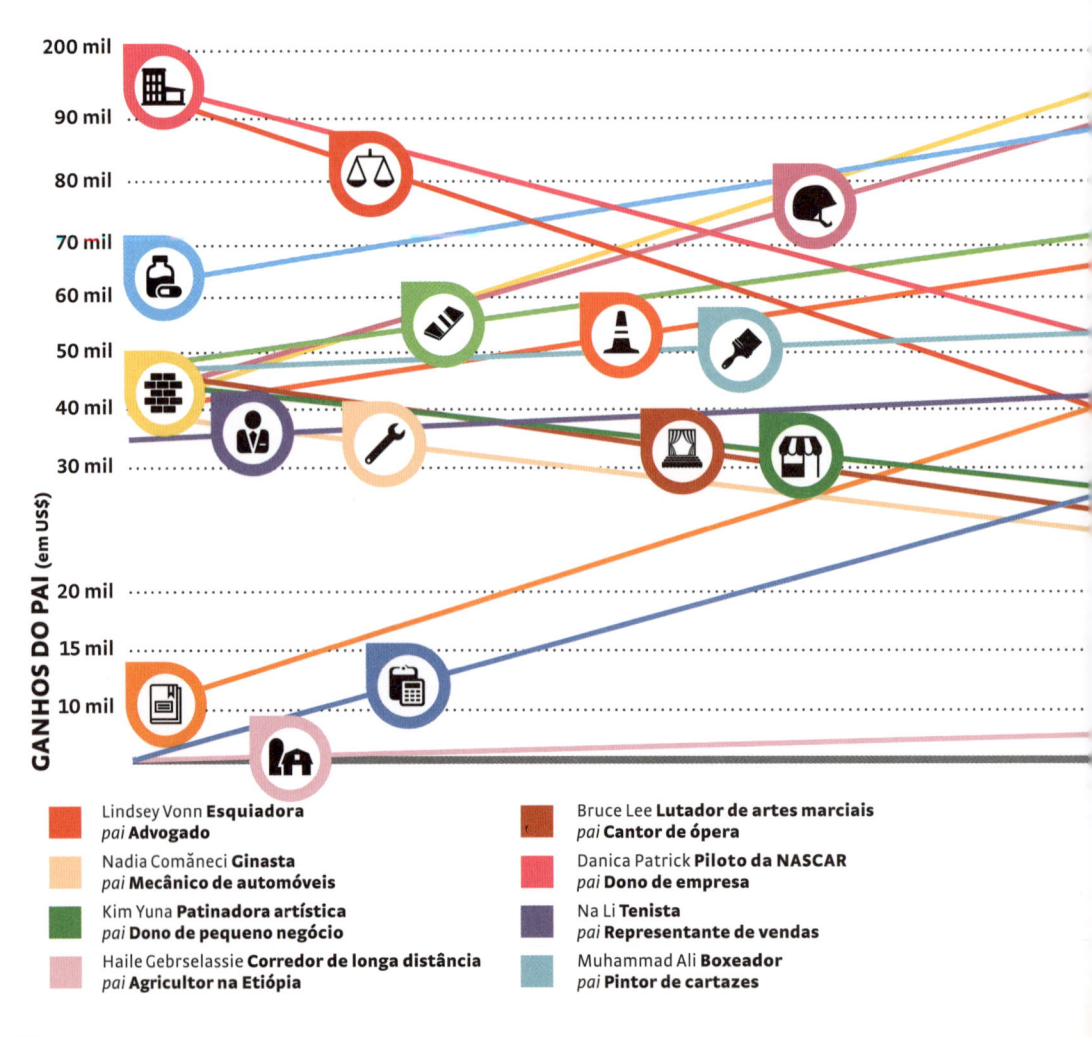

GANHOS DO PAI (em US$)

- Lindsey Vonn **Esquiadora** — pai **Advogado**
- Nadia Comăneci **Ginasta** — pai **Mecânico de automóveis**
- Kim Yuna **Patinadora artística** — pai **Dono de pequeno negócio**
- Haile Gebrselassie **Corredor de longa distância** — pai **Agricultor na Etiópia**
- Bruce Lee **Lutador de artes marciais** — pai **Cantor de ópera**
- Danica Patrick **Piloto da NASCAR** — pai **Dono de empresa**
- Na Li **Tenista** — pai **Representante de vendas**
- Muhammad Ali **Boxeador** — pai **Pintor de cartazes**

GANHOS DO ATLETA (em US$)

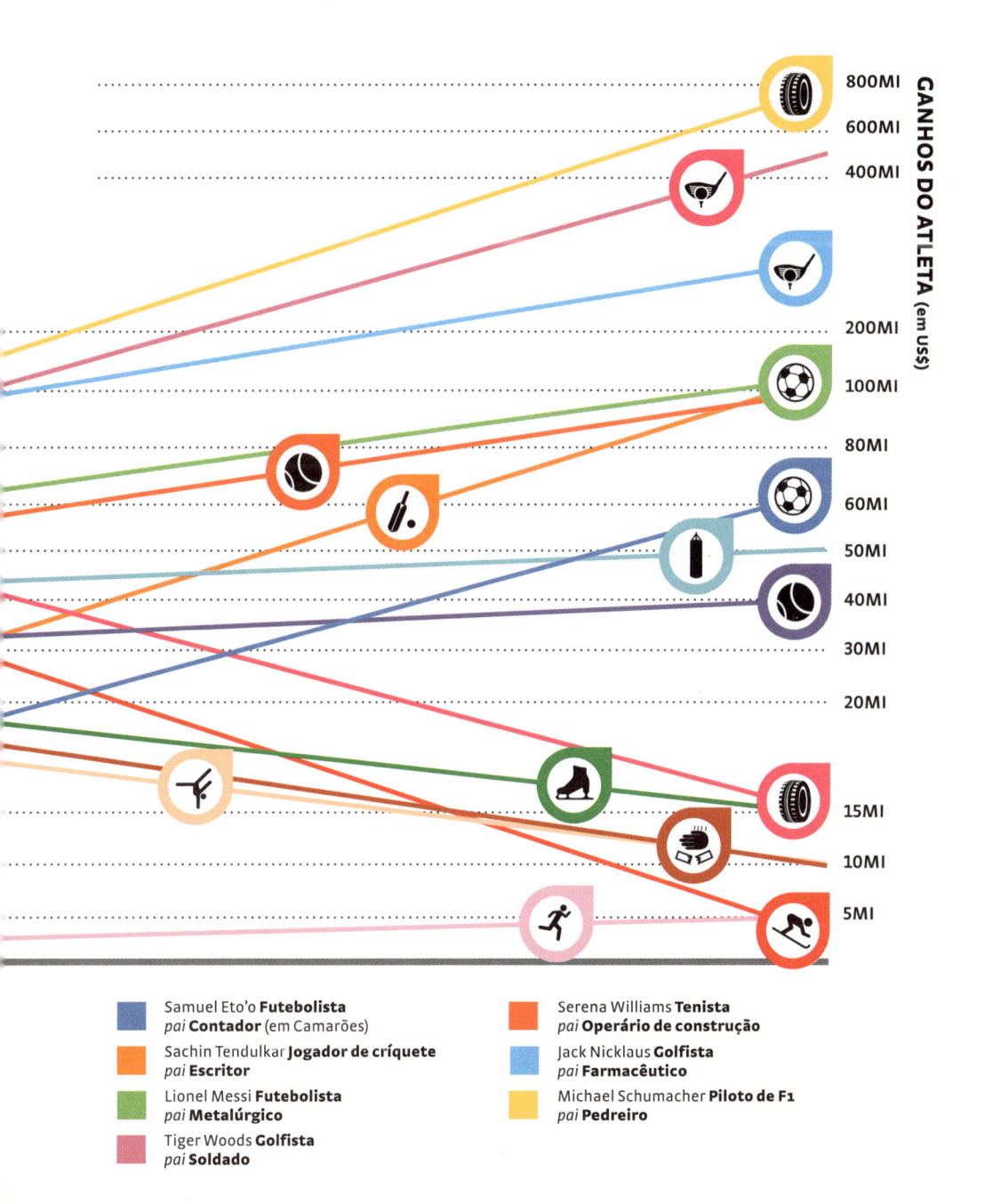

800MI
600MI
400MI
200MI
100MI
80MI
60MI
50MI
40MI
30MI
20MI
15MI
10MI
5MI

- Samuel Eto'o **Futebolista**
  pai **Contador** (em Camarões)
- Sachin Tendulkar **Jogador de críquete**
  pai **Escritor**
- Lionel Messi **Futebolista**
  pai **Metalúrgico**
- Tiger Woods **Golfista**
  pai **Soldado**
- Serena Williams **Tenista**
  pai **Operário de construção**
- Jack Nicklaus **Golfista**
  pai **Farmacêutico**
- Michael Schumacher **Piloto de F1**
  pai **Pedreiro**

celebritynetworth.com, michaelpageafrica.com, wikipedia.org

MEDALHAS DE OURO OLÍMPICAS EM CICLISMO

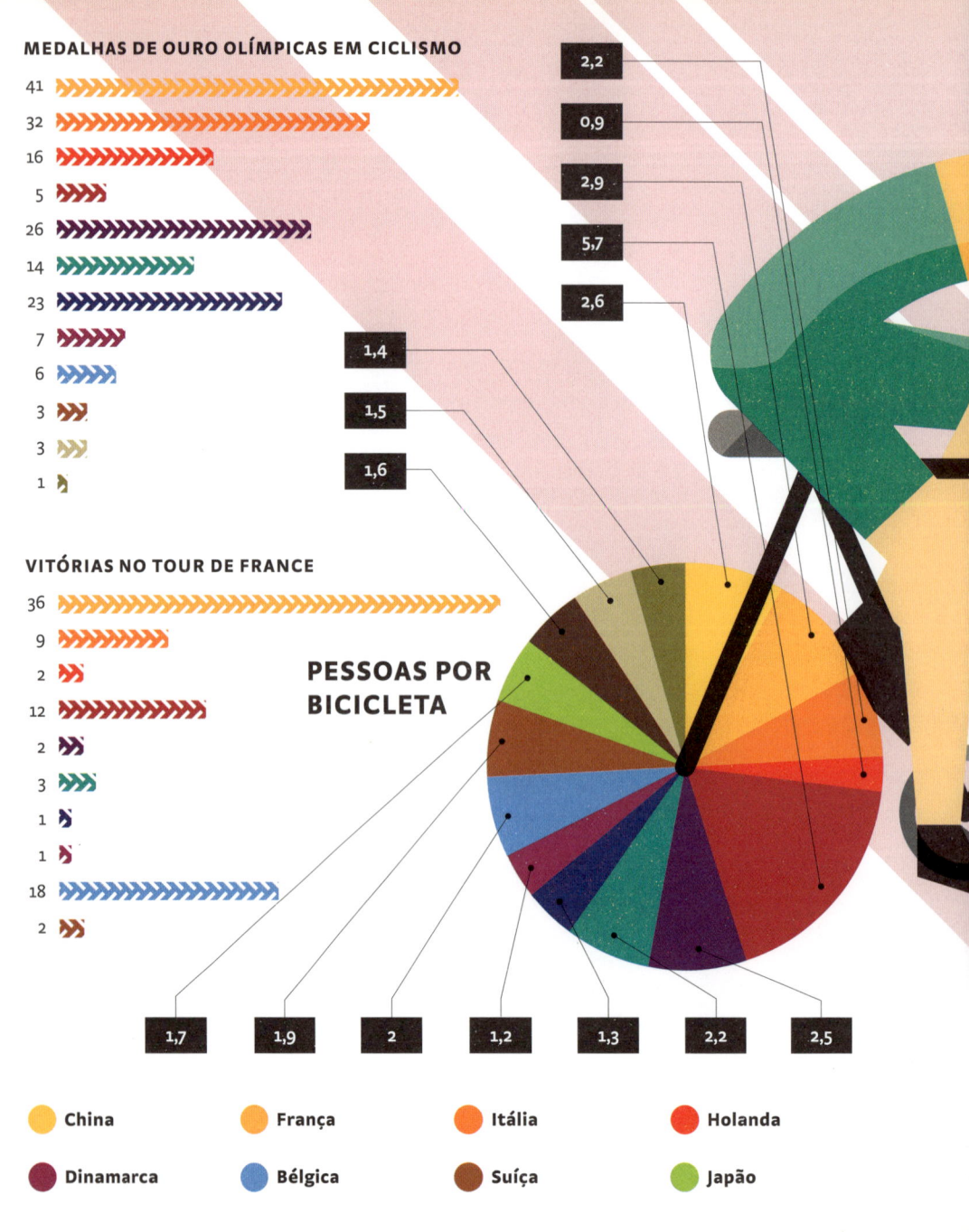

- 41
- 32
- 16
- 5
- 26
- 14
- 23
- 7
- 6
- 3
- 3
- 1

VITÓRIAS NO TOUR DE FRANCE

- 36
- 9
- 2
- 12
- 2
- 3
- 1
- 1
- 18
- 2

PESSOAS POR BICICLETA

- 2,2
- 0,9
- 2,9
- 5,7
- 2,6
- 1,4
- 1,5
- 1,6
- 1,7
- 1,9
- 2
- 1,2
- 1,3
- 2,2
- 2,5

- China
- França
- Itália
- Holanda
- Dinamarca
- Bélgica
- Suíça
- Japão

SOLTEM AS CORRENTES

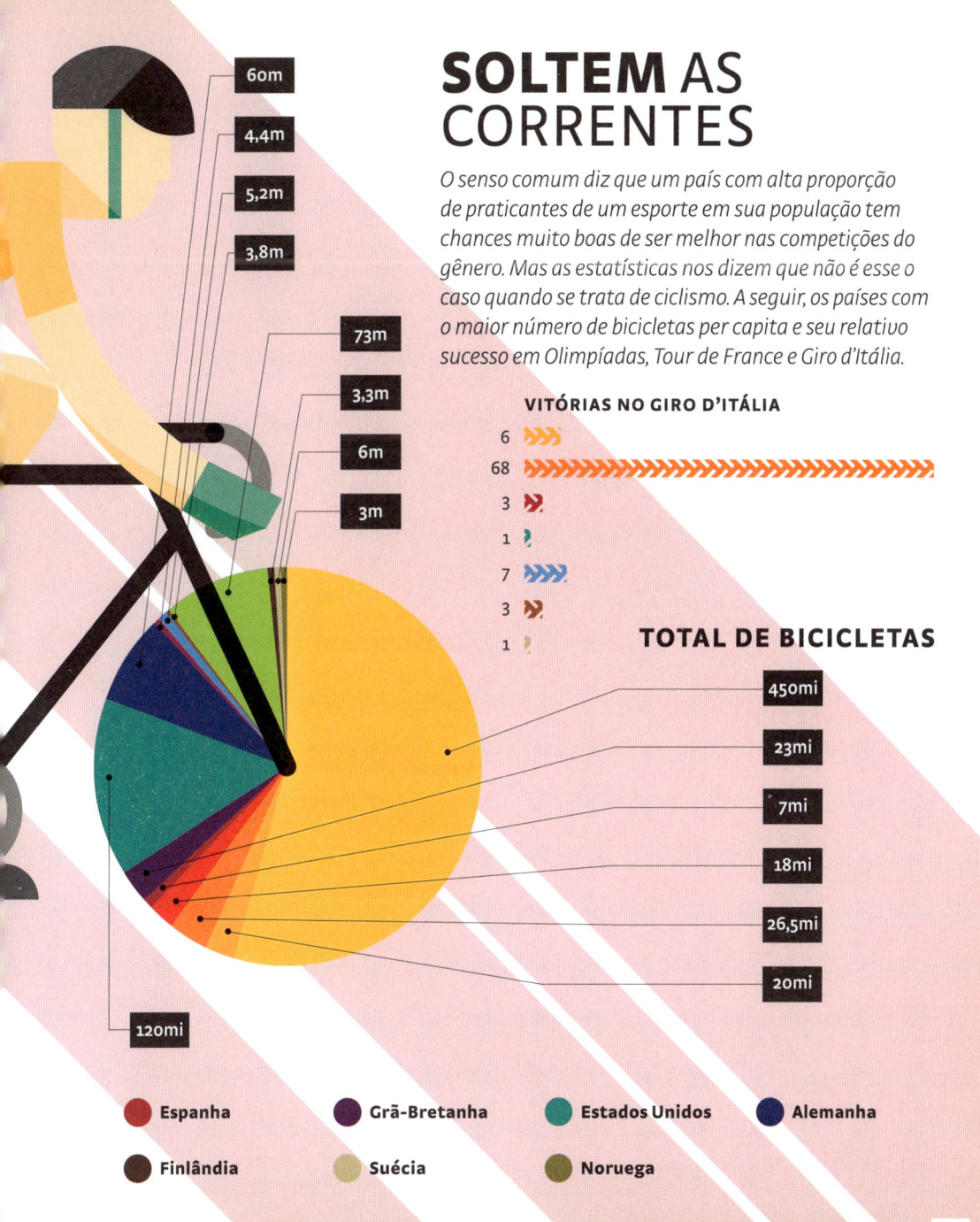

O senso comum diz que um país com alta proporção de praticantes de um esporte em sua população tem chances muito boas de ser melhor nas competições do gênero. Mas as estatísticas nos dizem que não é esse o caso quando se trata de ciclismo. A seguir, os países com o maior número de bicicletas per capita e seu relativo sucesso em Olimpíadas, Tour de France e Giro d'Itália.

60m
4,4m
5,2m
3,8m
73m
3,3m
6m
3m

VITÓRIAS NO GIRO D'ITÁLIA

6
68
3
1
7
3
1

TOTAL DE BICICLETAS

450mi
23mi
7mi
18mi
26,5mi
20mi
120mi

- Espanha
- Grã-Bretanha
- Estados Unidos
- Alemanha
- Finlândia
- Suécia
- Noruega

bovagrai.info/tweewieler/2015/en, wikipedia.org

TEMPO DE PARTIDA

PARTIR COMO UM **RAIO**

Será que sair bem na largada da corrida de skeleton ou de bobsled significa que você vai ganhar? As estatísticas da Olimpíada de Sochi de 2014 sugerem que não importa o quanto você seja rápido em pular em seu trenó e se lançar pelo corredor de gelo – a vitória exige bem mais do que isso.

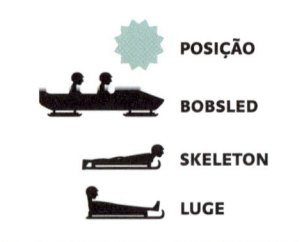

POSIÇÃO
BOBSLED
SKELETON
LUGE

- 1 — 4,8
- 6 — 4,88
- 1 — 5,16
- 3 — 5,2
- 1 — 4,78
- 7 — 4,83
- 1 — 4,91
- 3 — 4,97
- 1 — 4,47
- 2 — 4,59
- 1 — 3,092
- 2 — 3,919
- 1 — 4,618
- 3 — 4,642
- 1 — 3,384
- 3 — 3,858

ATLETAS		TEMPO FINAL
OSKARS MELBARDIS, DAUMANTS DREIŠKENS	8	249,7
ALEXEY VOEVODA, ALEXANDER ZUBKOV	1	248,556
ELANA MEYERS, LAURYN WILLIAMS	2	255,772
KAILLIE HUMPHRIES, HEATHER MOYSE	1	254,848
JANIS STRENGA, ARVIS VILKASTE, OSKARS MELBARDIS, DAUMANTS DREIŠKENS	3	243,364
ALEXEY NEGODAYLO, DMITRY TRUNENKOV, ALEXEY VOEVODA, ALEXANDER ZUBKOV	1	242,924
ELENA NIKITINA	6	256,652
LIZZIE YARNOLD	1	255,596
ALEXANDER TRETIAKOV	1	246,488
MARTINS DUKURS	2	247,676
TATJANA HUEFNER	2	221,2276
NATALIE GEISENBERGER	1	220,8316
ANDI LANGENHAN	4	229,218
FELIX LOCH	1	227,7616
TONI EGGERT, SASCHA BENECKEN	8	219,9736
TOBIAS WENDEL, TOBIAS ARLT	1	218,064

VOCÊ SENTE A FORÇA?

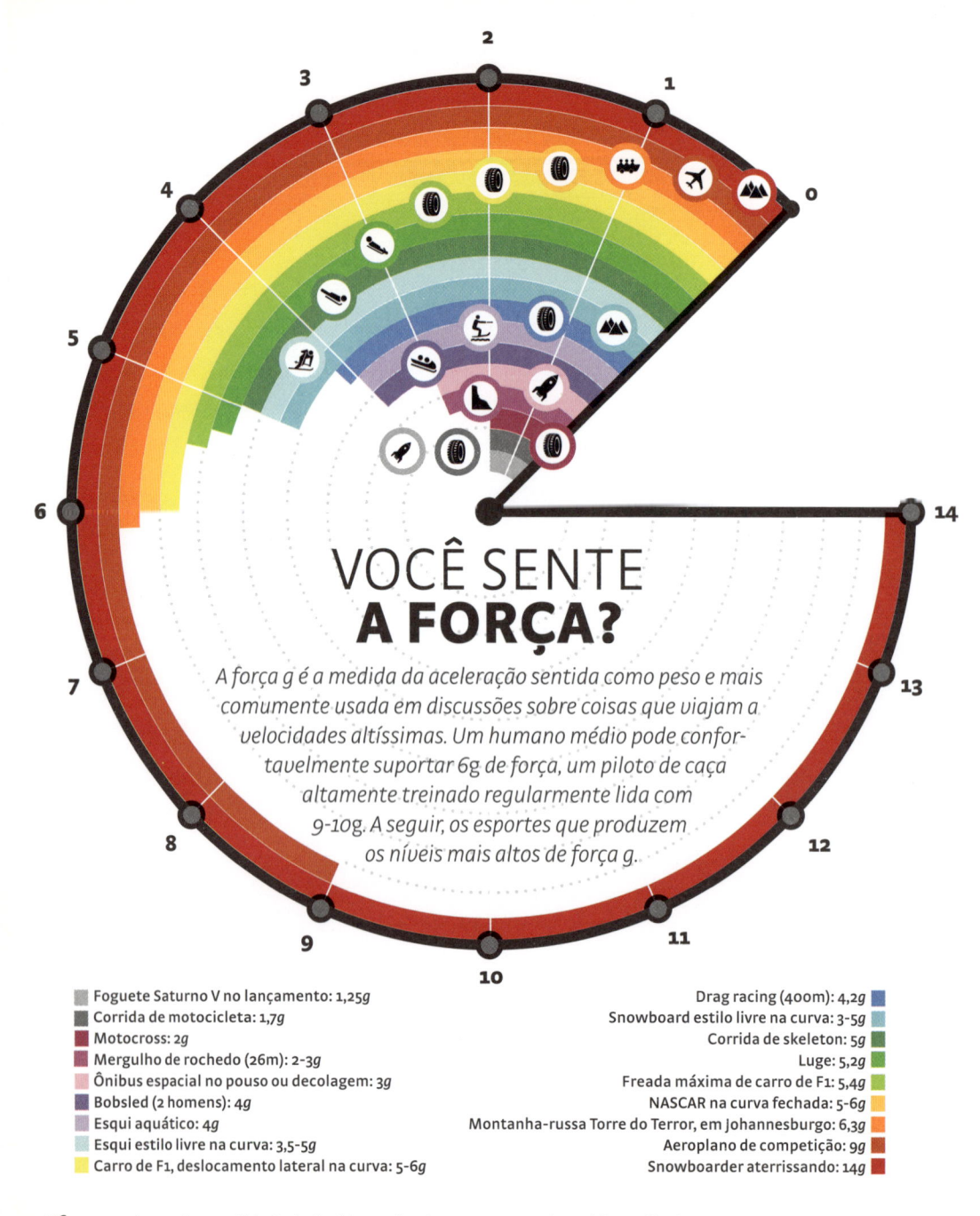

A força g é a medida da aceleração sentida como peso e mais comumente usada em discussões sobre coisas que viajam a velocidades altíssimas. Um humano médio pode confortavelmente suportar 6g de força, um piloto de caça altamente treinado regularmente lida com 9-10g. A seguir, os esportes que produzem os níveis mais altos de força g.

- Foguete Saturno V no lançamento: 1,25g
- Corrida de motocicleta: 1,7g
- Motocross: 2g
- Mergulho de rochedo (26m): 2-3g
- Ônibus espacial no pouso ou decolagem: 3g
- Bobsled (2 homens): 4g
- Esqui aquático: 4g
- Esqui estilo livre na curva: 3,5-5g
- Carro de F1, deslocamento lateral na curva: 5-6g
- Drag racing (400m): 4,2g
- Snowboard estilo livre na curva: 3-5g
- Corrida de skeleton: 5g
- Luge: 5,2g
- Freada máxima de carro de F1: 5,4g
- NASCAR na curva fechada: 5-6g
- Montanha-russa Torre do Terror, em Johannesburgo: 6,3g
- Aeroplano de competição: 9g
- Snowboarder aterrissando: 14g

usatoday.com, faqs.org, AlpineReplay (app), howstuffworks.com, aero-gp.com, journals.humankinetics.com

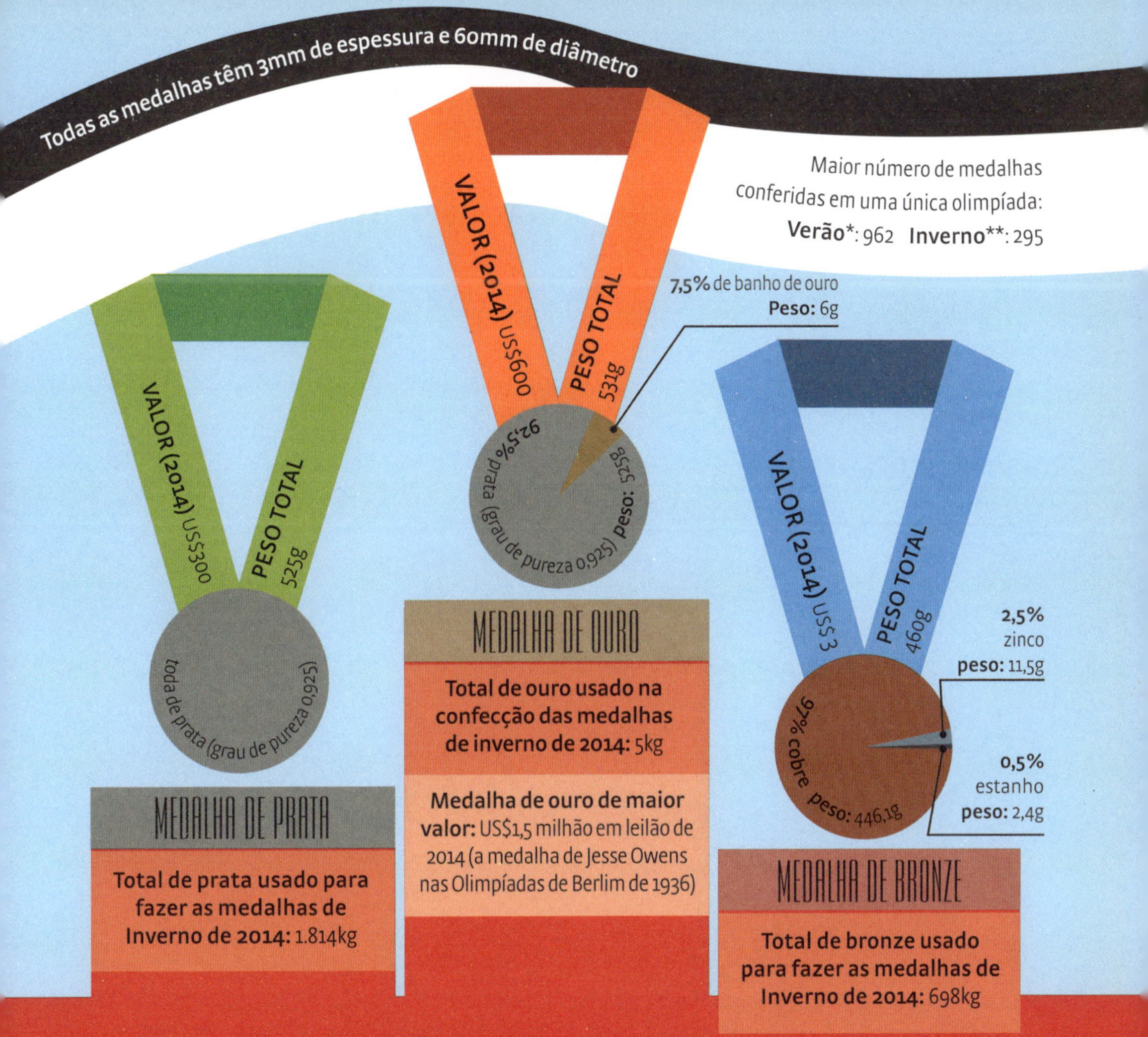

Todas as medalhas têm 3mm de espessura e 60mm de diâmetro

Maior número de medalhas conferidas em uma única olimpíada:
Verão*: 962 **Inverno****: 295

VALOR (2014) US$300
PESO TOTAL 525g
toda de prata (grau de pureza 0,925)

VALOR (2014) US$600
PESO TOTAL 531g
7,5% de banho de ouro
Peso: 6g
92,5% prata (grau de pureza 0,925) peso: 525g

VALOR (2014) US$3
PESO TOTAL 460g
97% cobre peso: 446,1g
2,5% zinco peso: 11,5g
0,5% estanho peso: 2,4g

MEDALHA DE PRATA
Total de prata usado para fazer as medalhas de Inverno de 2014: 1.814kg

MEDALHA DE OURO
Total de ouro usado na confecção das medalhas de inverno de 2014: 5kg

Medalha de ouro de maior valor: US$1,5 milhão em leilão de 2014 (a medalha de Jesse Owens nas Olimpíadas de Berlim de 1936)

MEDALHA DE BRONZE
Total de bronze usado para fazer as medalhas de Inverno de 2014: 698kg

DE QUE SÃO FEITAS AS **MEDALHAS**

As medalhas de ouro, prata e bronze para quem termina em primeiro, segundo e terceiro lugares numa Olimpíada foram introduzidas em 1904 e feitas desses metais preciosos. Mas, a partir de 1912, as medalhas de ouro passaram a ser produzidas sobretudo com prata. Veja o valor, o peso e a composição de cada uma das três medalhas.

* Olimpíadas de Londres de 2012
** Jogos de Inverno de Sochi de 2014
chemistry.about.com, en.wikipedia.org, sochi2014.com, kgw.com

RODAS **VENCEDORAS**

O indivíduo que leva para casa a camiseta amarela do Tour de France como grande vencedor, assim como a equipe que o auxilia na viagem de volta, consegue toda a publicidade do mundo do ciclismo. Mas muito pouco é escrito ou dito sobre as bicicletas. Aqui estão os fabricantes dos componentes das magrelas vencedoras dos últimos Tours de France, de 1995 a 2013.

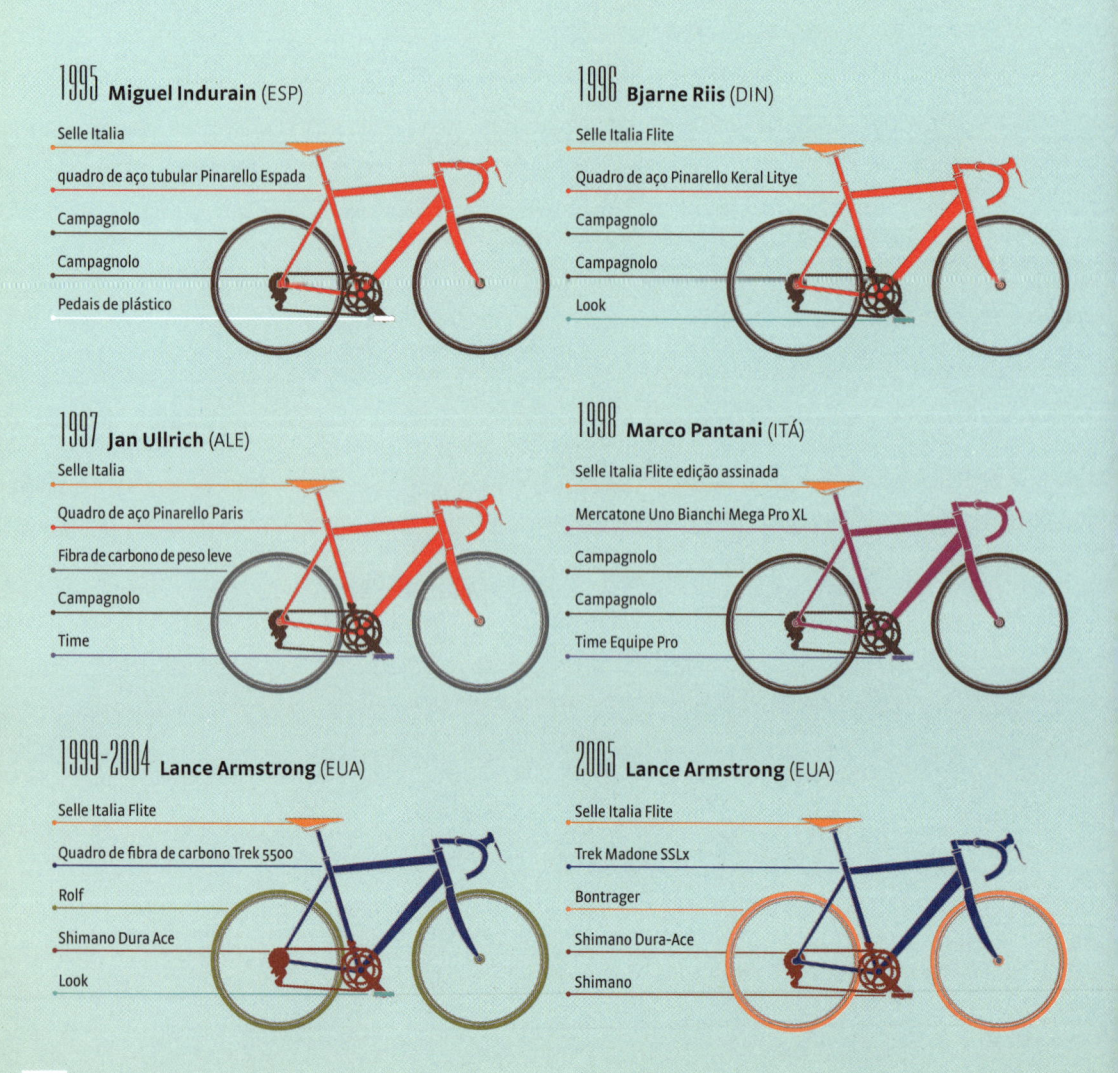

1995 Miguel Indurain (ESP)
- Selle Italia
- quadro de aço tubular Pinarello Espada
- Campagnolo
- Campagnolo
- Pedais de plástico

1996 Bjarne Riis (DIN)
- Selle Italia Flite
- Quadro de aço Pinarello Keral Litye
- Campagnolo
- Campagnolo
- Look

1997 Jan Ullrich (ALE)
- Selle Italia
- Quadro de aço Pinarello Paris
- Fibra de carbono de peso leve
- Campagnolo
- Time

1998 Marco Pantani (ITÁ)
- Selle Italia Flite edição assinada
- Mercatone Uno Bianchi Mega Pro XL
- Campagnolo
- Campagnolo
- Time Equipe Pro

1999-2004 Lance Armstrong (EUA)
- Selle Italia Flite
- Quadro de fibra de carbono Trek 5500
- Rolf
- Shimano Dura Ace
- Look

2005 Lance Armstrong (EUA)
- Selle Italia Flite
- Trek Madone SSLx
- Bontrager
- Shimano Dura-Ace
- Shimano

2006 Óscar Pereiro (ESP)
- Selle Italia Flite
- Pinarello Prince
- Campagnolo Carbon
- Campagnolo Record
- Look Keo

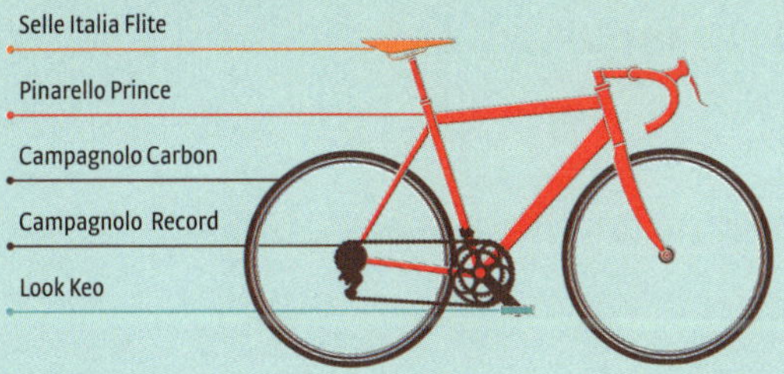

2007 Alberto Contador (ESP)
- San Marco Concor Light
- Trek Madone Pro 5.2
- Bontrager Race XXX Lite
- Shimano Dura Ace 7800
- Shimano Dura Ace

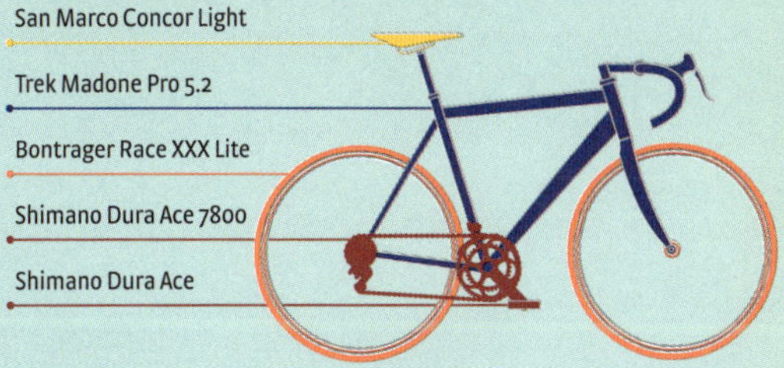

2008 Carlos Sastre (ESP)
- Prologo Scratch
- Cervélo R3-SL
- Zipp 202
- Shimano Dura Ace 7800
- Speedway Zero

2009 Alberto Contador (ESP)
- Selle Italia SLR
- Trek Madone 6
- Bontrager Race XXX Lite
- SRAM Red
- Look Keo 2 Max Carbon

2010 Andy Schleck (LUX)
- Prologo Scratch
- Specialized S-Works Tarmac SL3
- Zipp carbon
- SRAM Red
- Speedway Zero

2011 Cadel Evans (AUS)
- Fizik Antares
- BMC TeamMachine SLR01
- Easton EC90
- Shimano Dura Ace Di2
- Speedway Zero

2012 Bradley Wiggins (RU)
- Fizik Arione
- Pinarello Dogma 2
- Shimano C50
- Shimano Dura Ace Di2
- Speedplay Zero Nanogram

2013 Chris Froome (RU)
- Fizik Antares
- Pinarello Dogma 65.1
- Shimano C24
- Shimano Dura Ace Di2
- Dura Ace PD-9000

bikeradar.com, cyclingnews.com, velonews.com, wikipedia.org

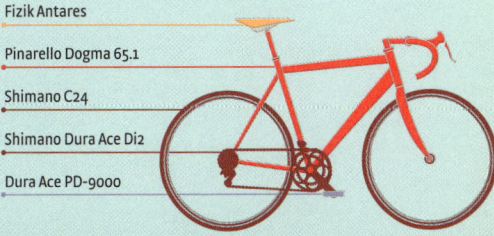

MULHERES

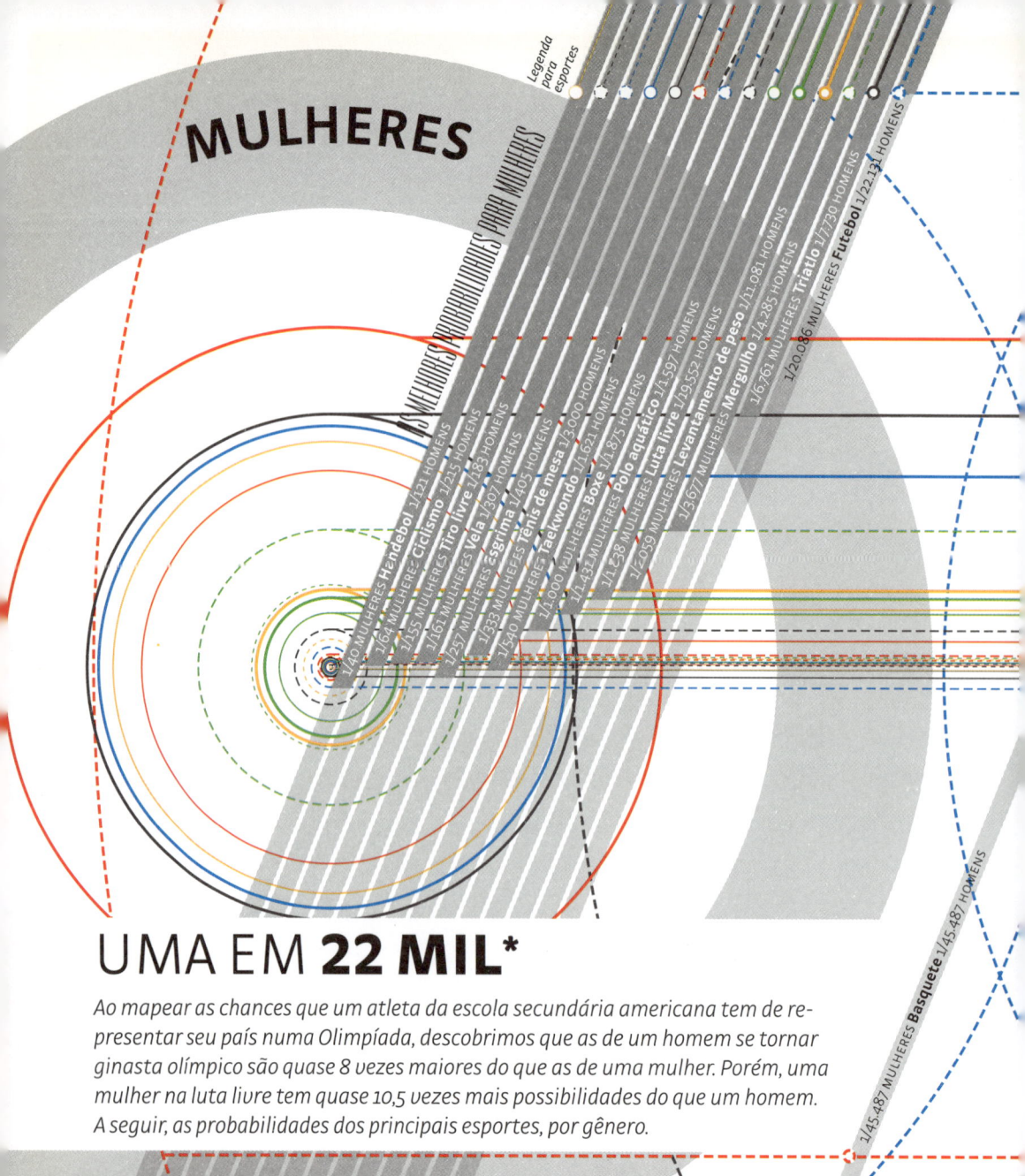

Legenda para esportes

MELHORES PROBABILIDADES PARA MULHERES

1/40 MULHERES Handebol 1/121 HOMENS
1/62 MULHERES Ciclismo 1/215 HOMENS
1/155 MULHERES Tiro livre 1/185 HOMENS
1/161 MULHERES Vela 1/30 HOMENS
1/257 MULHERES Esgrima 1/405 HOMENS
1/333 MULHERES Tênis de mesa 1/1.000 HOMENS
1/540 MULHERES Taekwondo 1/1.000 HOMENS
1/1.431 MULHERES Polo aquático 1/1.621 HOMENS
1/1.128 MULHERES Boxe 1/1.875 HOMENS
1/2.059 MULHERES Luta livre 1/29.552 HOMENS
1/3.697 MULHERES Levantamento de peso 1/1.597 HOMENS
1/6.761 MULHERES Mergulho 1/4.285 HOMENS
1/20.086 MULHERES Triatlo 1/11.081 HOMENS
1/7.730 HOMENS Futebol 1/22.131 MULHERES
1/45.487 MULHERES Basquete 1/45.487 HOMENS

UMA EM 22 MIL*

Ao mapear as chances que um atleta da escola secundária americana tem de representar seu país numa Olimpíada, descobrimos que as de um homem se tornar ginasta olímpico são quase 8 vezes maiores do que as de uma mulher. Porém, uma mulher na luta livre tem quase 10,5 vezes mais possibilidades do que um homem. A seguir, as probabilidades dos principais esportes, por gênero.

*a probabilidade de um jogador de futebol chegar à seleção olímpica

HOMENS

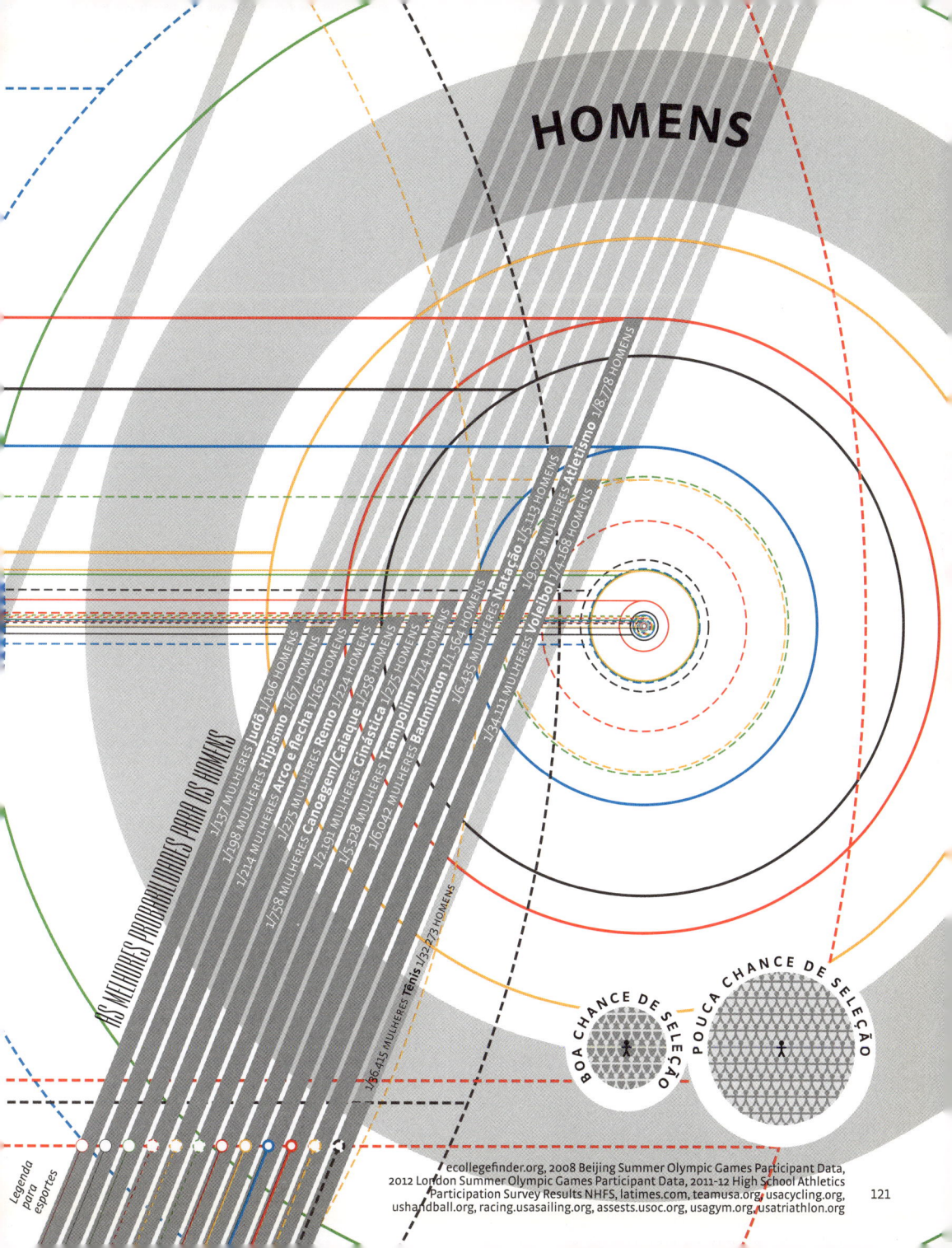

AS MELHORES PROBABILIDADES PARA OS HOMENS

1/137 HOMENS Judô 1/106 HOMENS
1/198 MULHERES Hipismo 1/67 HOMENS
1/214 MULHERES Arco e flecha 1/167 HOMENS
1/275 MULHERES Canoagem/Caiaque 1/221 HOMENS
1/758 MULHERES Remo 1/162 HOMENS
1/2.191 MULHERES Ginástica 1/258 HOMENS
1/5.328 MULHERES Trampolim 1/275 HOMENS
1/6.042 MULHERES Badminton 1/714 HOMENS
1/5.113 HOMENS Natação 1/1.564 MULHERES
1/9.079 MULHERES Atletismo 1/8.778 HOMENS
1/24.111 MULHERES Voleibol 1/4.160 HOMENS
1/6.435 HOMENS Tênis 1/32.273 HOMENS
1/36.415 MULHERES

BOA CHANCE DE SELEÇÃO POUCA CHANCE DE SELEÇÃO

Legenda para esportes

ecollegefinder.org, 2008 Beijing Summer Olympic Games Participant Data, 2012 London Summer Olympic Games Participant Data, 2011-12 High School Athletics Participation Survey Results NHFS, latimes.com, teamusa.org, usacycling.org, ushandball.org, racing.usasailing.org, assests.usoc.org, usagym.org, usatriathlon.org

121

ELES **MORRERAM** TENTANDO

Excluindo os esportes verdadeiramente perigosos que requerem motores e armas, o quadro de honra dos competidores profissionais que morreram em ação infelizmente é longo. Entre as principais causas de morte para esses quinze esportes mais populares nos EUA estão os ataques cardíacos, seguidos por traumatismos cranianos.

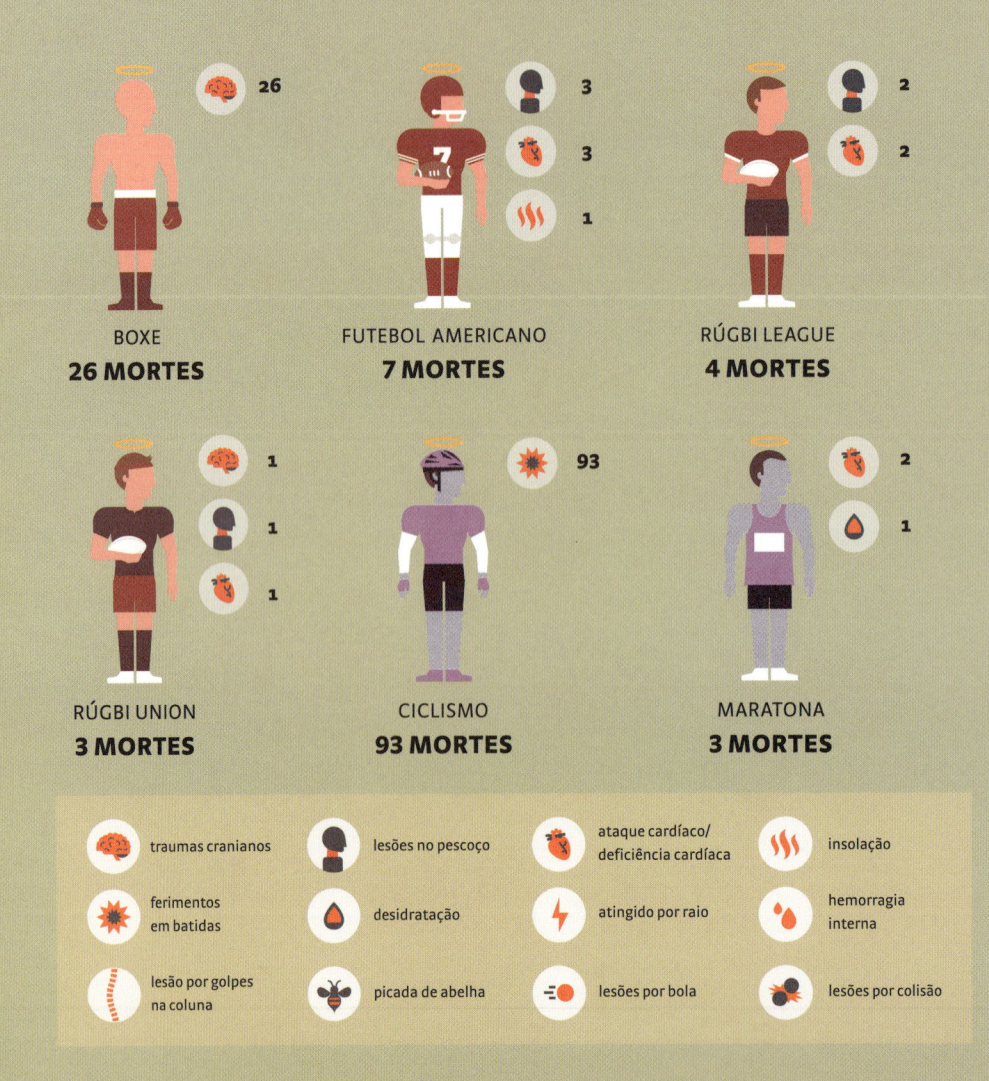

BOXE — 26 MORTES
- 26 traumas cranianos

FUTEBOL AMERICANO — 7 MORTES
- 3 lesões no pescoço
- 3 ataque cardíaco
- 1 insolação

RÚGBI LEAGUE — 4 MORTES
- 2 lesões no pescoço
- 2 ataque cardíaco

RÚGBI UNION — 3 MORTES
- 1 trauma craniano
- 1 lesão no pescoço
- 1 ataque cardíaco

CICLISMO — 93 MORTES
- 93 ferimentos em batidas

MARATONA — 3 MORTES
- 2 ataque cardíaco
- 1 desidratação

Legenda
- traumas cranianos
- lesões no pescoço
- ataque cardíaco/deficiência cardíaca
- insolação
- ferimentos em batidas
- desidratação
- atingido por raio
- hemorragia interna
- lesão por golpes na coluna
- picada de abelha
- lesões por bola
- lesões por colisão

ESPORTES DE CONTATO   JOGOS COM BOLA   ATLETISMO

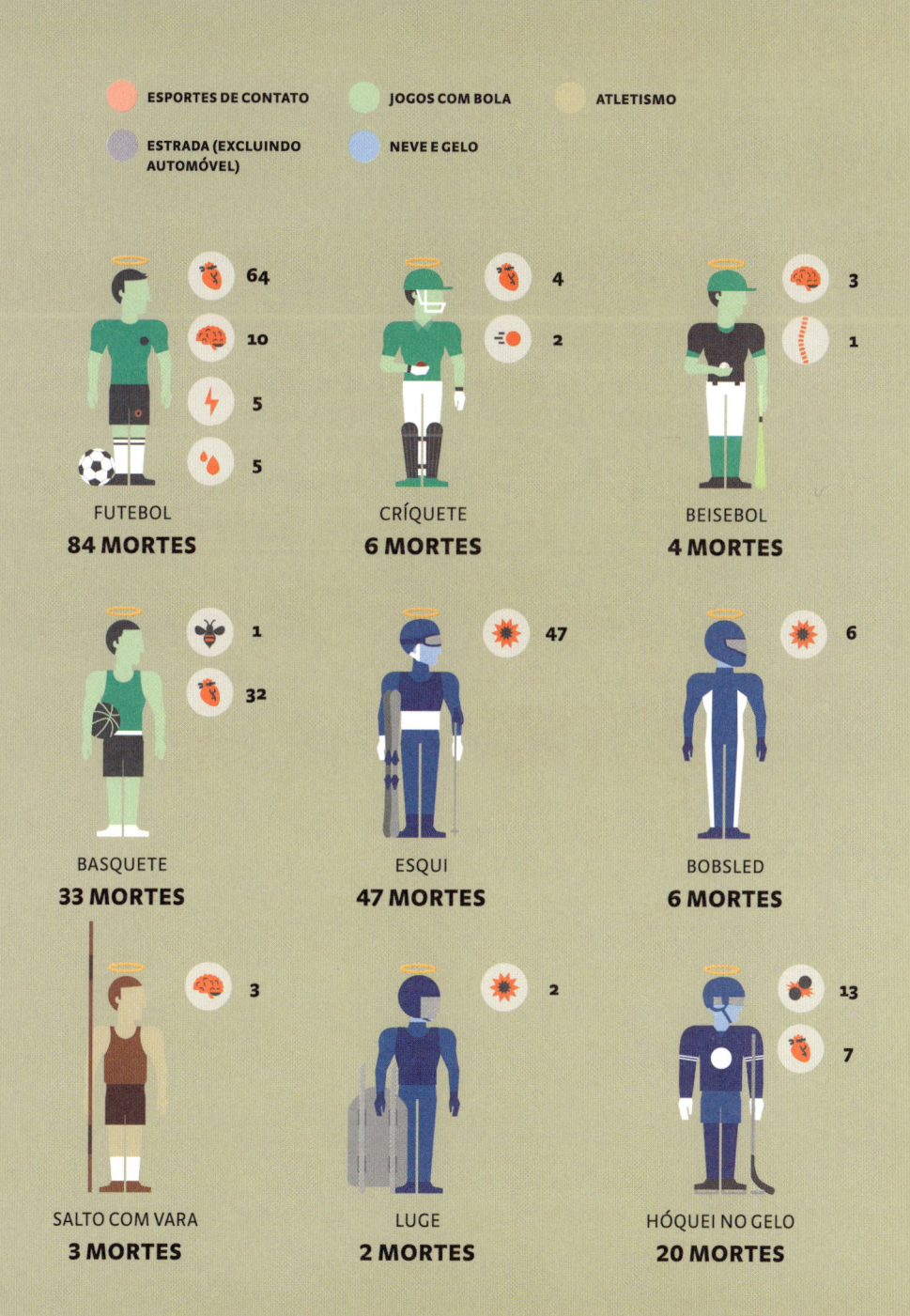

ESTRADA (EXCLUINDO AUTOMÓVEL)   NEVE E GELO

FUTEBOL
64
10
5
5
84 MORTES

CRÍQUETE
4
2
6 MORTES

BEISEBOL
3
1
4 MORTES

BASQUETE
1
32
33 MORTES

ESQUI
47
47 MORTES

BOBSLED
6
6 MORTES

SALTO COM VARA
3
3 MORTES

LUGE
2
2 MORTES

HÓQUEI NO GELO
13
7
20 MORTES

wikipedia.org

LOCAL

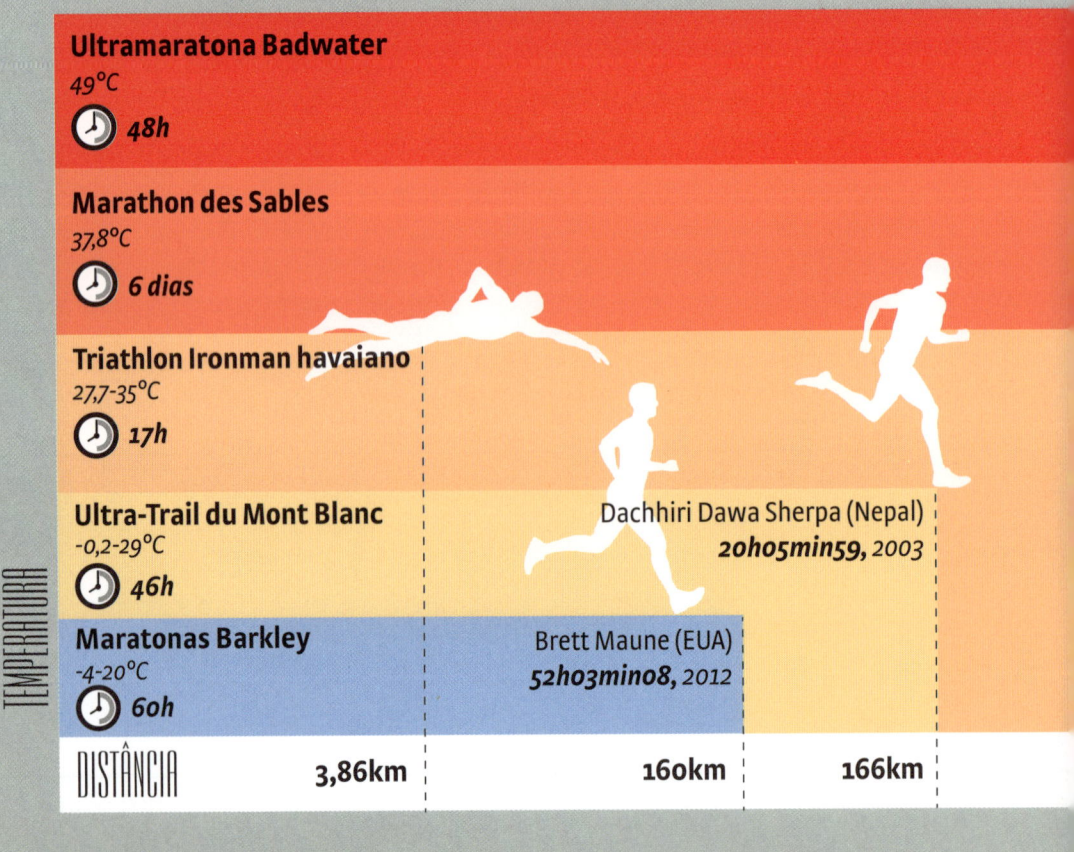

- Frozen Head State Park, Tenesse, EUA
- Vale da Morte, Califórnia, EUA
- França, Itália, Suíça
- Honolulu, Havaí, EUA
- Deserto do Saara, Marrocos, África

Ultramaratona Badwater
49°C
🕐 48h

Marathon des Sables
37,8°C
🕐 6 dias

Triathlon Ironman havaiano
27,7-35°C
🕐 17h

Ultra-Trail du Mont Blanc
-0,2-29°C
🕐 46h

Dachhiri Dawa Sherpa (Nepal)
20h05min59, 2003

Maratonas Barkley
-4-20°C
🕐 60h

Brett Maune (EUA)
52h03min08, 2012

TEMPERATURA

DISTÂNCIA   3,86km   160km   166km

FEITO DE **FERRO**

Esqueça a maratona: estes são os eventos esportivos mais duros, longos, extenuantes e desafiadores da vida de qualquer corredor – competições como Ironman e Ultra podem arrebentar o mais resistente dos atletas. Estas cinco provas mostraram ser radicais demais, e só os mais fortes e persistentes conseguiram concluí-las. Mas aqueles que o fizeram tiveram momentos inacreditáveis.

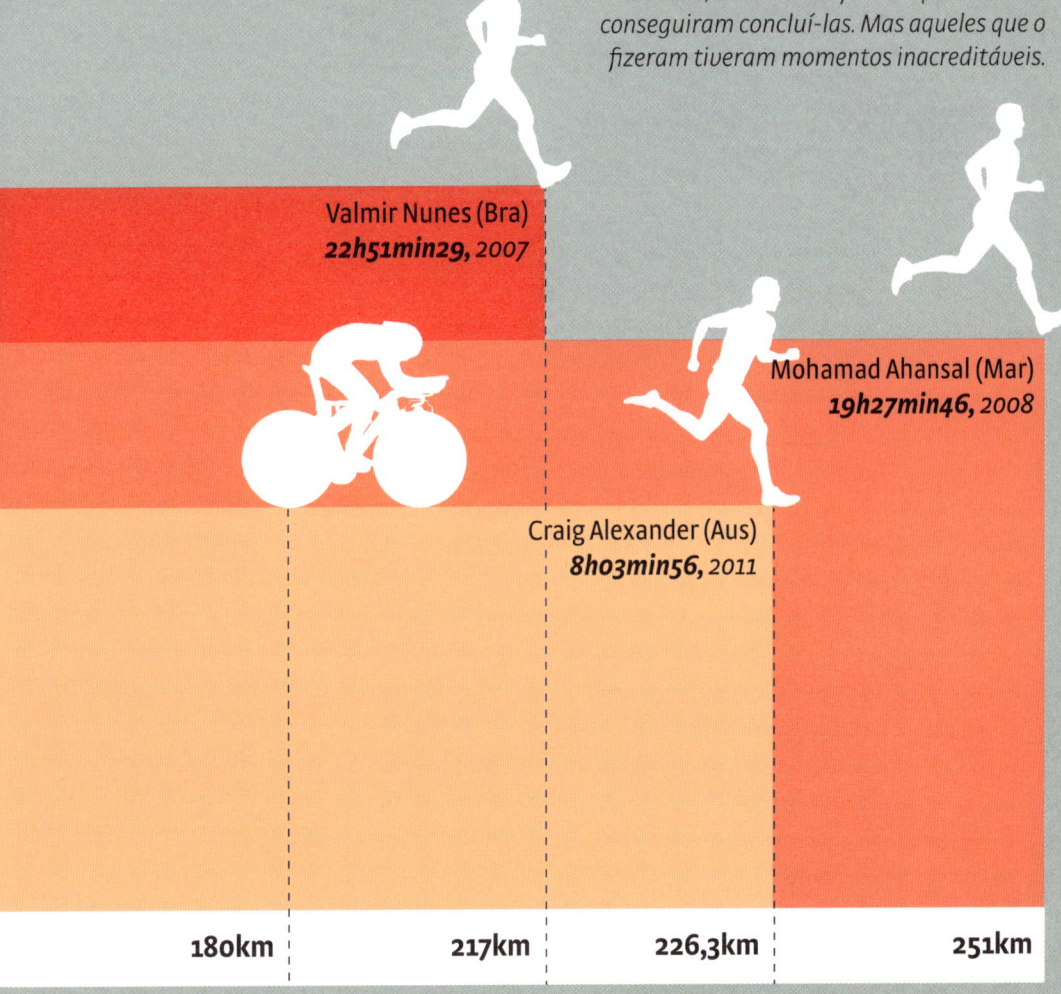

Valmir Nunes (Bra)
22h51min29, 2007

Mohamad Ahansal (Mar)
19h27min46, 2008

Craig Alexander (Aus)
8h03min56, 2011

180km | 217km | 226,3km | 251km

news.discovery.com, wikipedia.org, marathondessables.com/en, badwater.com, mattmahoney.net, ultratrailmb.com/en, ironman.com

PESCANDO **FILEZINHOS**

Aqui computamos as pescas vencedoras do World Freshwater Angling Championships de 1994 a 2013 como palitos de peixe pescados por hora (fppph). A quantidade se baseia em filés empanados de 28g, com 58% (isto é, 16,24g) de carne por peça. O formato do Campeonato Mundial é de duas sessões de 4 horas em dias consecutivos.

PESCADORES COM MAIS VITÓRIAS

ALAN SCOTTHORNE (INGLATERRA)
Vitórias: 5
Anos: 1996, 97, 98, 2003, 07
Média de fppph: 87

BOB NUDD (INGLATERRA)
Vitórias: 2
Anos: 1994, 99
Média de fppph: 238

TAMAS WALTER (HUNGRIA)
Vitórias: 2
Anos: 2004, 06
Média de fppph: 75,5

ANO	PESCADOR CAMPEÃO	PAÍS
1994	Bob Nudd	Inglaterra
1995	Jean	França
1996	Alan Scotthorne	Inglaterra
1997	Alan Scotthorne	Inglaterra
1998	Alan Scotthorne	Inglaterra
1999	Bob Nudd	Inglaterra
2000	Iocopo Falsini	Itália
2001	Umberto Ballabeni	Itália
2002	Juan Blasco	Espanha
2003	Alan Scotthorne	Inglaterra
2004	Tamas Walter	Hungria
2005	Guido Nullens	Bélgica
2006	Tamas Walter	Hungria
2007	Alan Scotthorne	Inglaterra
2008	Will Raison	Inglaterra
2009	Igor Potapov	Rússia
2010	Meis Frank	Luxemburgo
2011	Andrea Fini	Itália
2012	Sean Ashby	Inglaterra
2013	Didier Delannoy	França

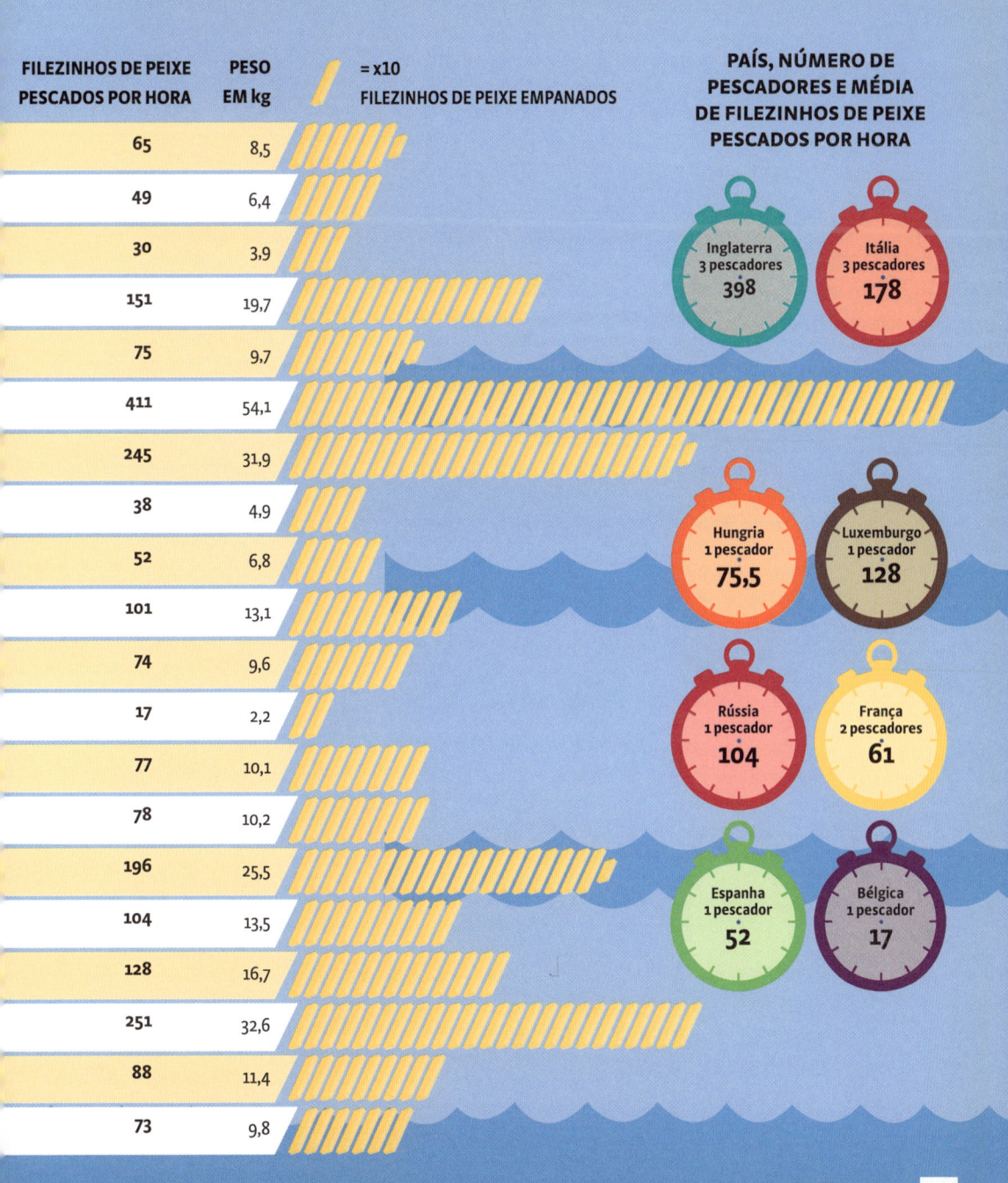

FILEZINHOS DE PEIXE PESCADOS POR HORA	PESO EM kg
65	8,5
49	6,4
30	3,9
151	19,7
75	9,7
411	54,1
245	31,9
38	4,9
52	6,8
101	13,1
74	9,6
17	2,2
77	10,1
78	10,2
196	25,5
104	13,5
128	16,7
251	32,6
88	11,4
73	9,8

/ = x10 FILEZINHOS DE PEIXE EMPANADOS

PAÍS, NÚMERO DE PESCADORES E MÉDIA DE FILEZINHOS DE PEIXE PESCADOS POR HORA

- Inglaterra — 3 pescadores — 398
- Itália — 3 pescadores — 178
- Hungria — 1 pescador — 75,5
- Luxemburgo — 1 pescador — 128
- Rússia — 1 pescador — 104
- França — 2 pescadores — 61
- Espanha — 1 pescador — 52
- Bélgica — 1 pescador — 17

wikipedia.org, angling-news.co.uk, worldfishing2013.org

ARMAS E **SETAS**

Comparando o campeão mundial de arco e flecha (que é legalmente cego e tem 10% de visão) com o campeão mundial de jogo de dardos e os dois campeões de tiro livre, obtemos uma ideia percentual de qual deles tem olhos de águia de verdade.

6,1cm
(círculo amarelo)

70m

2,59cm²
(triplo-20)

2,31m

PHIL TAYLOR
Campeonato Mundial de 2002

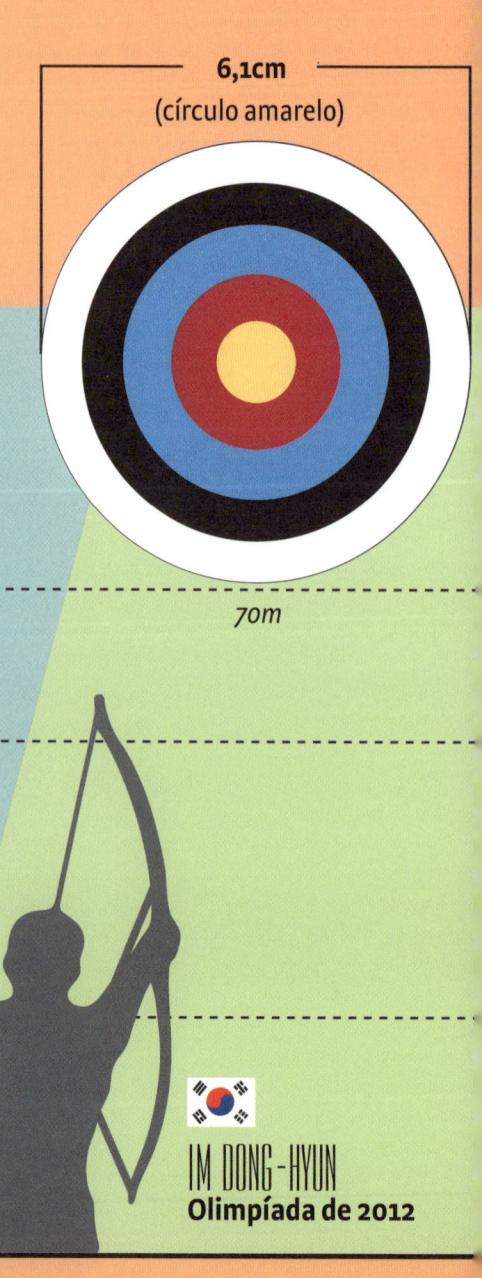

IM DONG-HYUN
Olimpíada de 2012

Apenas quatro atiradores; os diferentes alvos são um de dardos, um de tiro com arco, um de tiro livre e um de tiro ao prato.

Pontuação média como % dos melhores tiros

Dardos	62
Tiro com arco	97
Tiro livre	98
Tiro ao prato	94

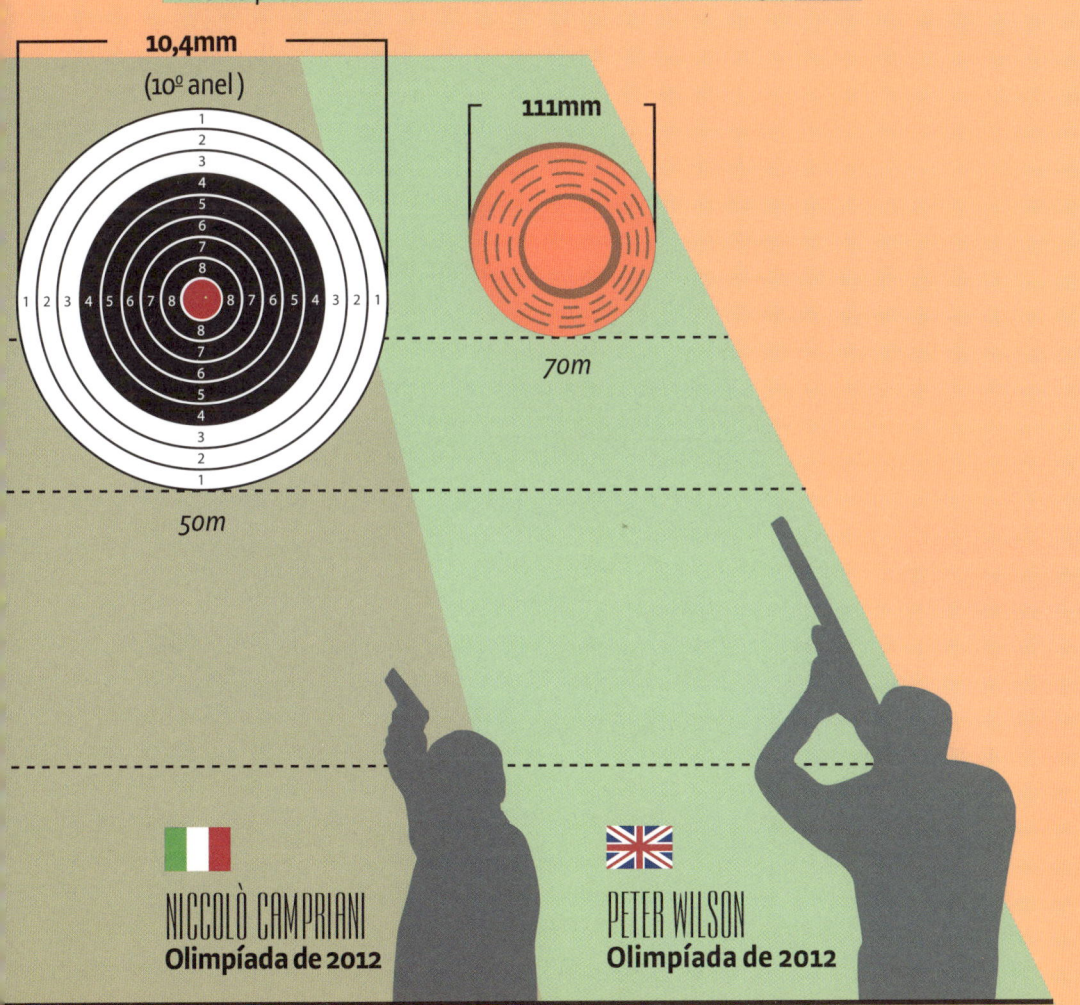

10,4mm (10º anel)

111mm

70m

50m

NICCOLÒ CAMPRIANI
Olimpíada de 2012

PETER WILSON
Olimpíada de 2012

wikipedia.org, darting.com, sizes.com

BEM ABAIXO DO PAR

Todo golfista aspira jogar tão bem quanto Tiger, Nicklaus ou Mickelson, por causa da qualidade excelente e constante de seu estilo. Poucos esperariam ver profissionais experientes jogarem tão mal quanto um amador. Mas às vezes até os grandes falham, como mostram estas estatísticas.

MAIOR PONTUAÇÃO ACIMA DO PAR PARA UM ÚNICO BURACO

JOGADOR	PAR		TACADAS ACIMA	BURACO
TOMMY ARMOUR	5	Shawnee US Open 1927	23	
RAY AINSLEY	4	Cherry Hills US Open 1938	19	16
HANS MERRELL	3	Bing Crosby Pro-Am Cypress Point 1959	19	8
MITSUHIRO TATEYAMA	3	Acom International, Ishioka 2006	19	6
JOHN DALY	5	Bay Hill Invitational 1998	18	16
GARY MCCORD	5	FedEx St. Jude Classic, Memphis 1986	16	9
KEVIN NA	4	TPC San Antonio 2011	16	16
PORKY OLIVER	3	Bing Crosby Pro-Am, Cypress Point 1953	16	17
ED DOUGHERTY	4	AT&T Pebble Beach National Pro-Am 1990	14	18
JOHN DALY	5	US Open, Pebble Beach 2000	14	12
TOM WEISKOPF	3	Augusta National 1980	13	13
TOMMY NAKAJIMA	5	Masters, Augusta 1978	13	

PIOR PARTIDA JOGADA POR UM PROFISSIONAL

JOGADOR	PIOR PARTIDA		TACADAS ACIMA
MIKE REASOR	237	QUATRO RODADAS QUALIFICADORAS — Tallahassee Open, FL, EUA 1974	93
MAURICE FLITCROFT	121	Royal Birkdale, Southport, Inglaterra 1976	51
DIANA LUNA	95	Royal Lytham & St Annes, Inglaterra 2003	23
TIGER WOODS	298	FULL TOURNAMENT SCORE — Bridgestone Invitational, Akron, OH, EUA 2010	18
JACK NICKLAUS	83	Sandwich, Kent, Inglaterra 1981	13
JACK NICKLAUS	85	Augusta, EUA 2003	13
JOHN DALY	85	Bay Hill, EUA 1998	13
KARRIE WEBB	83	Pine Needles, EUA 2007	12
NANCY LOPEZ	83	Blackwolf Run, EUA 1998	12
MICHELLE WIE	83	Locust Hill, EUA 2012	10
TIGER WOODS	81	Muirfield, Escócia 2002	10
PHIL MICKELSON	78	Oak Hill, EUA 2013	8
MICKEY WRIGHT	80	Baltusrol, EUA 1961	8
RORY MCILROY	79	Muirfield, Escócia 2013	7

golf.about.com, edition.cnn.com, wikipedia.org, espn.go.com, golf.com

COMER, REZAR, EXERCITAR-SE

Os EUA são uma terra de tantas oportunidades que pouco tempo é destinado a se manter em forma. Talvez por isso mais de 313 mil americanos tenham feito lipoaspiração em um ano. Eis o que substitui a ida diária à academia.

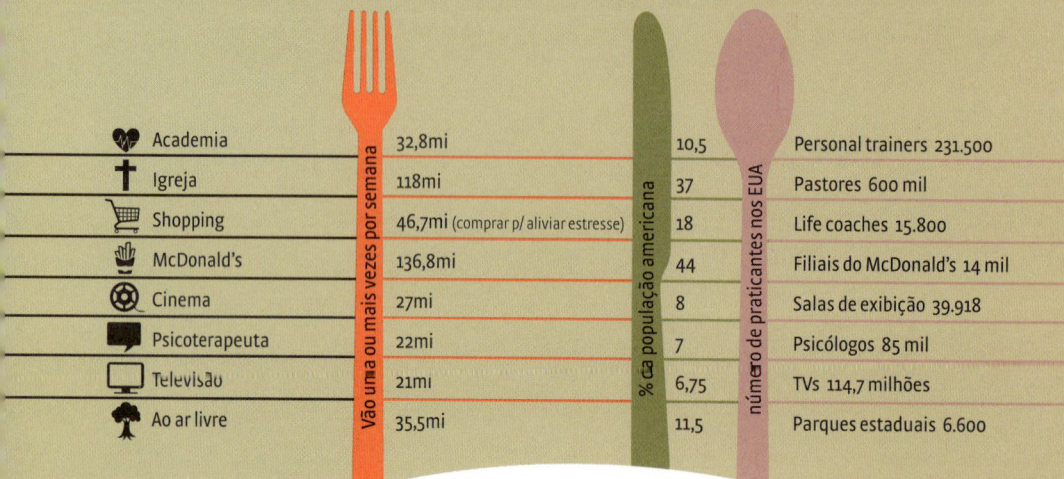

		Vão uma ou mais vezes por semana	% da população americana	número de praticantes nos EUA	
♥	Academia	32,8mi	10,5	Personal trainers	231.500
✝	Igreja	118mi	37	Pastores	600 mil
🛒	Shopping	46,7mi (comprar p/ aliviar estresse)	18	Life coaches	15.800
🍟	McDonald's	136,8mi	44	Filiais do McDonald's	14 mil
🎬	Cinema	27mi	8	Salas de exibição	39.918
💬	Psicoterapeuta	22mi	7	Psicólogos	85 mil
📺	Televisão	21mi	6,75	TVs	114,7 milhões
🌳	Ao ar livre	35,5mi	11,5	Parques estaduais	6.600

lhrsa.org, ptdirect.com, apa.org, mpaa.org, wikipedia.org

CASA CHEIA

Se o esporte fosse apresentado em estádios sem público, os resultados ainda iriam valer, mas ficaria faltando alguma coisa. Alguns locais esportivos foram planejados para receber um número enorme de pessoas, mas raramente têm sua capacidade total esgotada.

- ⬜ abaixo da capacidade
- 🟥 acima da capacidade

MARACANÃ

Construído **1950**
Onde **Brasil**
Esporte **Futebol**
Recorde **199.854**
Data **16/07/1950**
Final da Copa do Mudo

Capacidade inicial **200 mil**
Capacidade em 2014 **78.838***

*Após reforma para se adequar aos padrões de segurança da FIFA.

Capacidade **250 mil**

BADMINTON HOUSE PARK

Construído **1612**
Onde **Inglaterra**
Esporte **Eventos**
Recorde **175 mil**
Data **01/05/1913**

HOLMENKOLLBAKKEN

Construído **1892**
Onde **Noruega**
Esporte **Salto de esqui**
Capacidade **30 mil**

Recorde **143 mil**
Data **1952**,
Jogos Olímpicos

TOKYO RACECOURSE

Capacidade **223 mil**

Construído **1933**
Onde **Japão**
Esporte **Corrida de cavalos**
Recorde **196.517**
Data **27/05/1990**

INDIANAPOLIS MOTOR SPEEDWAY

Construído **1909**
Onde **EUA**
Esporte **Corrida de automobilismo**
Capacidade **257.325**

Recorde **350 mil**
Data **2007**,
Grand Prix dos EUA

indianopolismotorspeedway.com, tokyoracecourse.com, badminton-horse.co.uk, stadiumguide.com/maracana, holmenkollen, austadiums.com

CFL
🚩 181
🧍 4,9MI

NHL
🚩 162
🧍 1,5MI

NHL
🚩 1230
🧍 21,5MI

MLB
🚩 2420
🧍 73,5MI

TOP 14
🚩 26
🧍 370 mil

LIGA MX
🚩 306
🧍 7,9MI

QUERO ASSISTIR A
UM JOGO DE BOLA

O futebol é o esporte com maior frequência de público em muitos países do mundo, mas há também um número impressionante de pessoas que vão assistir a outras disputas. Compare as cinco principais ligas de futebol com outras competições esportivas.

ELITSERIEN
🏆 26
👤 149 mil

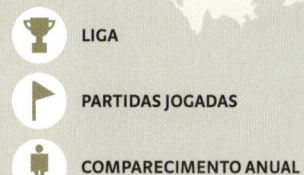

LIGA
PARTIDAS JOGADAS
COMPARECIMENTO ANUAL

PREMIER LEAGUE
🏆 380
👤 13,1MI

BUNDESLIGA
🏆 306
👤 13,8MI

LA LIGA
🏆 380
👤 11,5MI

SERIE A
🏆 380
👤 7,8MI

NPB
🏆 846
👤 21,7MI

PBA FILIPINAS
🏆 147
👤 1,05MI

VARSITY CUP
🏆 31
👤 179 mil

AFL
🏆 207
👤 7MI

- BEISEBOL
- HÓQUEI NO GELO
- FUTEBOL COM REGRAS AUSTRALIANAS
- FUTEBOL CANADENSE
- HURLING
- BASQUETE
- RÚGBI UNION
- BANDY
- FUTEBOL

wikipedia.org, gaa.ie, stats.cfldb.ca

135

FÓRMULA PARA VENCER A F1

O primeiro campeonato de F1 da era moderna foi vencido por um italiano de 44 anos de idade. Desde então, mais de 30 pilotos de treze países conquistaram esse título em diferentes idades. Eis o que a lei das médias diz sobre os grandes vencedores do período entre 1950 e 2013.

NÚMERO DE PILOTOS

- Itália — 3
- EUA — 2
- Alemanha — 12
- Áustria — 4
- Espanha — 2
- Austrália — 5
- África do Sul — 1
- Brasil — 8
- França — 4
- Finlândia — 4
- Canadá — 1
- Reino Unido — 14
- Argentina — 5

PAÍS DOS PILOTOS
NÚMERO DE CAMPEONATOS

136

PILOTOS COM > 1 VITÓRIA

Pilotos (no sentido horário a partir do topo):
- NELSON PIQUET
- NIKI LAUDA
- JACKIE STEWART
- JACK BRABHAM
- SEBASTIAN VETTEL
- ALAIN PROST
- JUAN MANUEL FANGIO
- MICHAEL SCHUMACHER
- FERNANDO ALONSO
- MIKA HÄKKINEN
- EMERSON FITTIPALDI
- JIM CLARK
- GRAHAM HILL
- ALBERTO ASCARI
- AYRTON SENNA

Marcações: 2 · 3 · 4 · 5 · 7 VITÓRIAS

PILOTO POR NACIONALIDADE

MÉDIA DE IDADE DO PILOTO POR NACIONALIDADE

MÉDIA DE IDADE GERAL: 32

wikipedia.org

O ADESTRAMENTO É DIFERENTE PARA AS MENINAS

A prova de adestramento individual das Olimpíadas vem sendo realizada desde 1912, mas as mulheres só foram admitidas na competição em 1952, quando a dinamarquesa Lise Hartel ganhou a prata. Desde 1972, as mulheres têm dominado o quadro de medalhas do evento, inclusive nos jogos do Rio de Janeiro, quando Charlotte Dujardin, Isabell Werth e Kristina Broring-Sprehe conquistaram ouro, prata e bronze, respectivamente.

MULHERES

Ouro:
- Liselott Linsenhoff (1972, Alemanha)
- Christine Stückelberger (1976, Suíça)
- Elisabeth Theurer (1980, Áustria)
- Nicole Uphoff (1988, Alemanha)
- Nicole Uphoff (1992, Alemanha)

Prata:
- Yelena Petushkova (1972, Rússia)
- Anne Grethe Jensen (1984, Dinamarca)
- Margit Otto-Crépin (1988, França)
- Isabell Werth (1992, Alemanha)

Bronze:
- Christine Stückelberger (1988, Suíça)

Linha do tempo
1972 — 1976 — 1980 — 1984 — 1988 — 1992

HOMENS

Ouro:
- Josef Neckermann (1972, Alemanha)
- Reiner Klimke (1976, Alemanha)
- Viktor Ugryumov (1980, Rússia)
- Otto Hofer (1984, Suíça)
- Klaus Balkenhol (1992, Alemanha)

Prata:
- Harry Boldt (1976, Suíça)
- Yuri Kovshov (1980, Rússia)

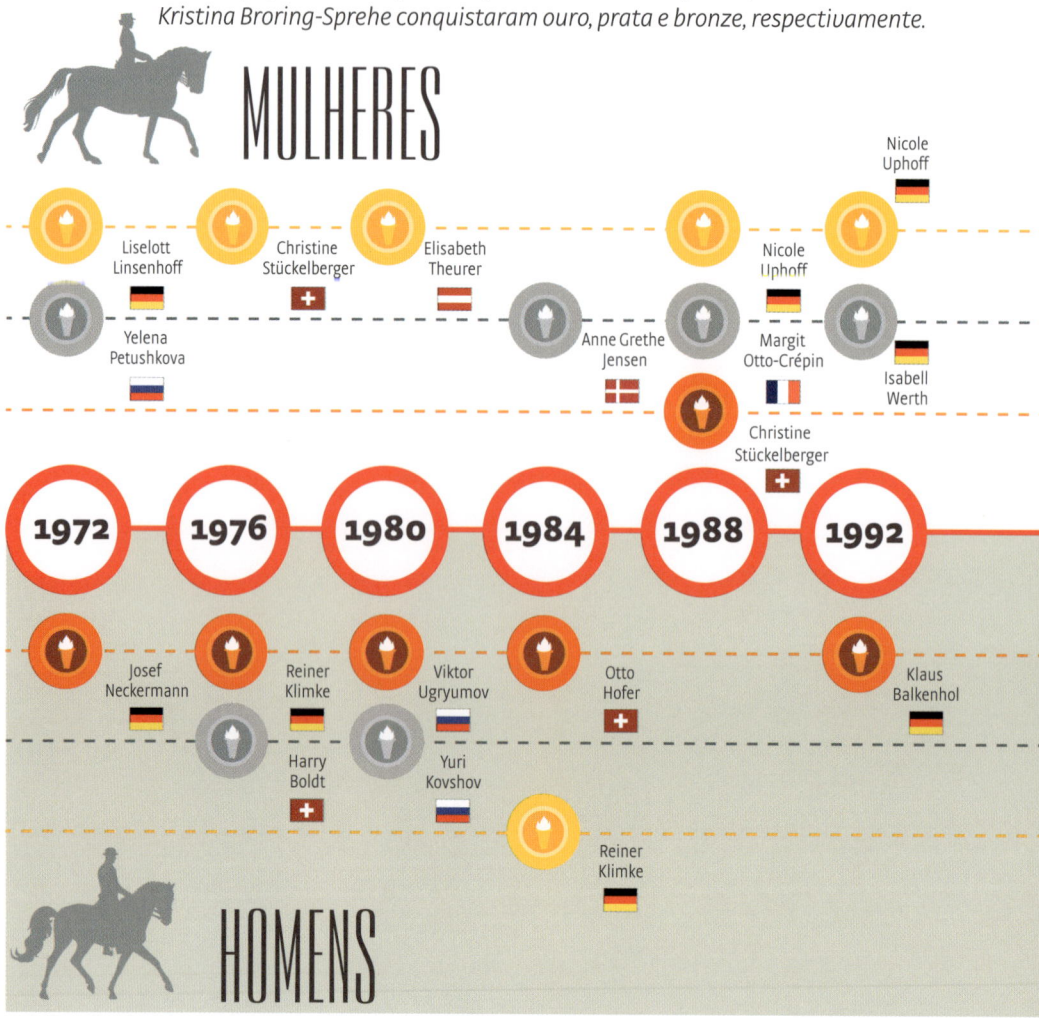

Bronze:
- Reiner Klimke (1984, Alemanha)

Todas as medalhas por gênero

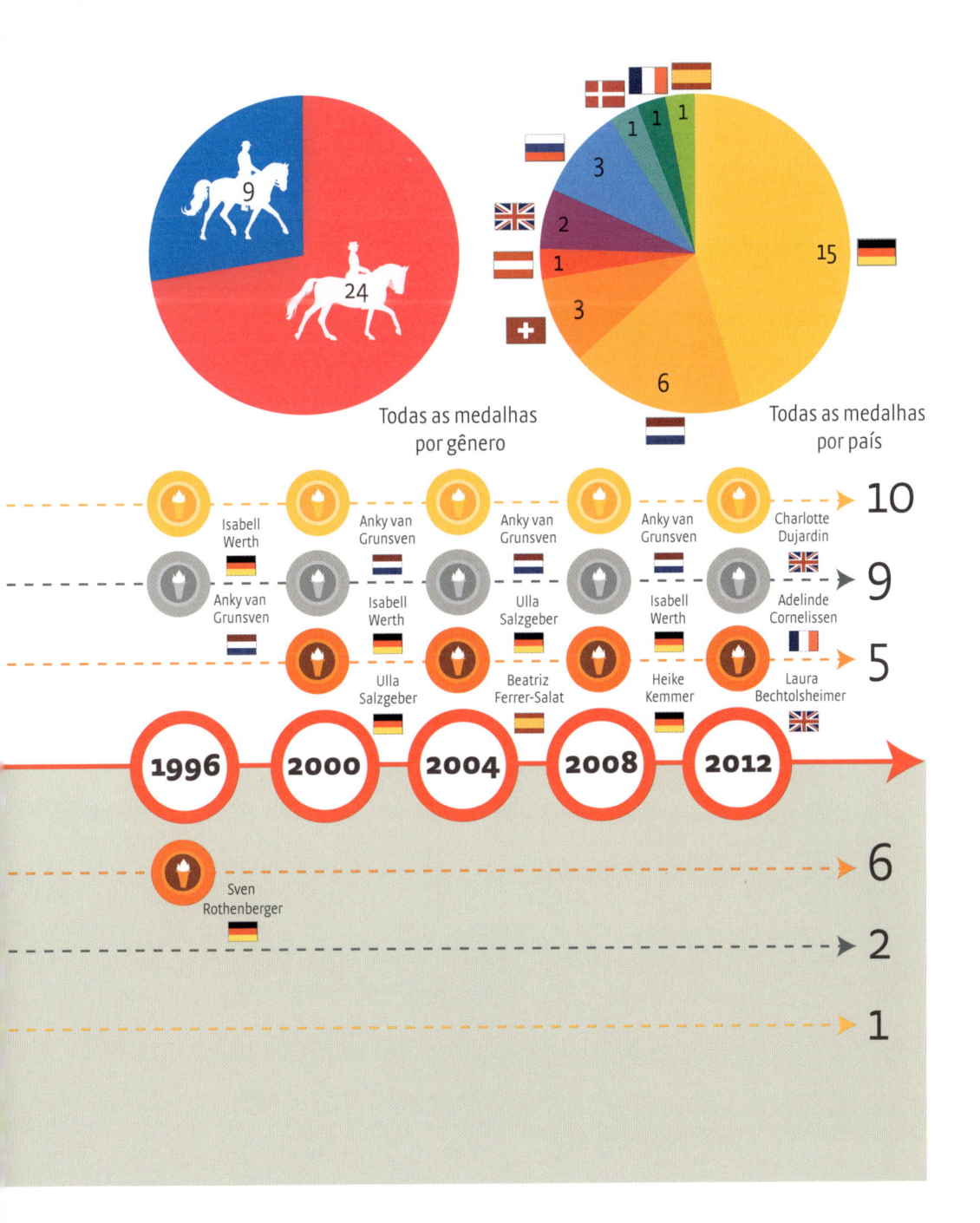

- 9
- 24

Todas as medalhas por país

- 15 🇩🇪
- 6 🇳🇱
- 3 🇨🇭
- 1 🇦🇹
- 2 🇬🇧
- 3 🇷🇺
- 1 🇩🇰
- 1 🇫🇷
- 1 🇪🇸

Medalhas por ano

1996
- 🥇 Isabell Werth 🇩🇪
- 🥈 Anky van Grunsven 🇳🇱
- Sven Rothenberger 🇩🇪

2000
- 🥇 Anky van Grunsven 🇳🇱
- 🥈 Isabell Werth 🇩🇪
- 🥉 Ulla Salzgeber 🇩🇪

2004
- 🥇 Anky van Grunsven 🇳🇱
- 🥈 Ulla Salzgeber 🇩🇪
- 🥉 Beatriz Ferrer-Salat 🇪🇸

2008
- 🥇 Anky van Grunsven 🇳🇱
- 🥈 Isabell Werth 🇩🇪
- 🥉 Heike Kemmer 🇩🇪

2012
- 🥇 Charlotte Dujardin 🇬🇧
- 🥈 Adelinde Cornelissen 🇳🇱
- 🥉 Laura Bechtolsheimer 🇬🇧

- 10
- 9
- 5
- 6
- 2
- 1

wikipedia.org

OS BONS VELHOS MAUS TEMPOS

Muitos fãs de esporte mais idosos gostam de dizer que trapaças como a que Lance Armstrong fez tão estupendamente e que lhe permitiu ganhar seis Tour de France consecutivos são uma coisa que nunca acontecia antes. Será mesmo?

1904 — CICLISMO
No Tour de France, Hippolyte Aucouturier, com uma rolha na boca ligada a um arame, foi rebocado por um carro e venceu quatro etapas.

1904 — MARATONA
O vencedor da Maratona Olímpica de St. Louis, Fred Lorz, fez de carro 18 dos 42 quilômetros da prova.

1919 — BEISEBOL
Em vez dos 9 regulamentares, apenas 8 membros do Chicago White Sox jogaram a final da World Series.

1932 E 1936 — 100M
Stella Walasiewicz, vencedora da medalha de ouro nos 100m na Olimpíada de 1932 e da de prata em 1936, conquistou ainda 19 recordes mundiais. Após a morte, comprovou-se que era homem.

1936 — SALTO EM ALTURA
A alemã Dora Ratjen obteve 4º lugar no salto em altura da Olimpíada de 1936. Seu verdadeiro nome era Herman, e ela era ele.

1951 — BASQUETE
Mais de 30 jogadores de 7 diferentes faculdades (inclusive o City College de Nova York) foram considerados culpados de forjar resultados de basquete para a Máfia.

CHEGADA

1968 — VELA
Donald Crowhurst fez vários relatos falsos por rádio de que estava liderando a corrida mundial de iatismo. O verdadeiro líder (Nigel Tetley) abandonou. Crowhurst desapareceu.

1976 — ESGRIMA
Na Olimpíada de Montreal, o pentatleta ucraniano Boris Onishchenko ligou seu florete de modo que indicasse um toque quando não havia nenhum.

1980 — MARATONA
Rosie Ruiz, vencedora da maratona de Boston em tempo recorde, passou a maior parte do tempo escondida na multidão, aparecendo à frente do pelotão só perto da linha de chegada.

1983 — BOXE
O treinador de boxe Panama Lewis tirou o recheio das luvas de seu boxeador, encharcou as bandagens das mãos dele com gesso e deixou o oponente quase cego.

1985 — GOLFE
O golfista escocês David Robertson foi multado em 20 mil libras e banido por 20 anos depois de repetidas vezes mover a bola para mais perto do green durante o Aberto de Kent.

1990 — CORRIDA DE CAVALOS
O jóquei Sylvester Carmouche, aproveitando a neblina da pista de Louisiana Delta Downs, tomou um atalho quando estava longe da arquibancada, voltou à corrida e quebrou o recorde da pista, "vencendo".

soccerlens.com, telegraph.co.uk, cracked.com

GRAUS DE SEPARAÇÃO: MARIA SHARAPOVA

A estrela do tênis Maria Sharapova, nascida na Sibéria, é uma das esportistas mais famosas do mundo – e com mais acessos no Google. Seus quatro Grand Slams e seu 1,89m de altura propiciaram-lhe muitos patrocínios e milhões de fãs. Mas seus interesses e contatos vão além do tênis, como demonstra este gráfico.

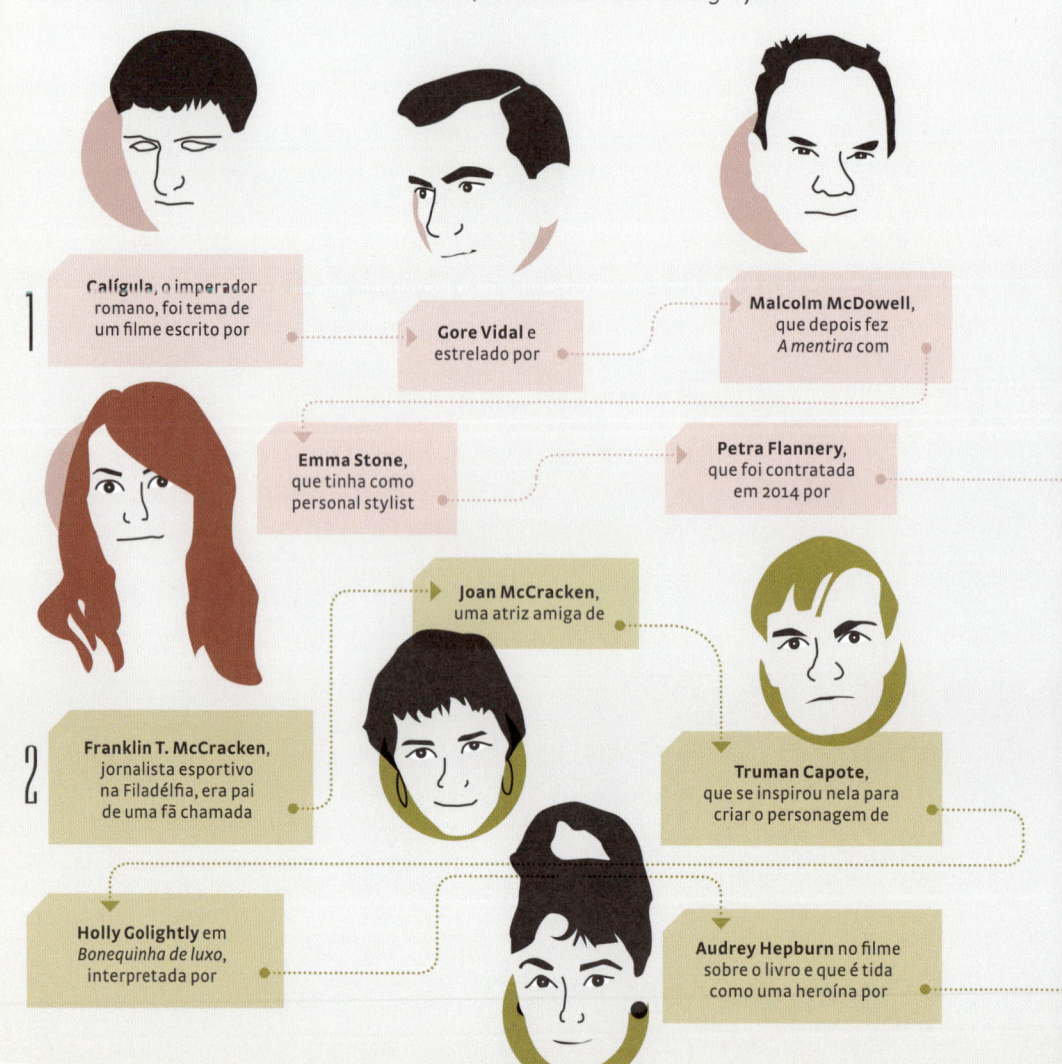

1

Calígula, o imperador romano, foi tema de um filme escrito por

Gore Vidal e estrelado por

Malcolm McDowell, que depois fez *A mentira* com

Emma Stone, que tinha como personal stylist

Petra Flannery, que foi contratada em 2014 por

2

Joan McCracken, uma atriz amiga de

Franklin T. McCracken, jornalista esportivo na Filadélfia, era pai de uma fã chamada

Truman Capote, que se inspirou nela para criar o personagem de

Holly Golightly em *Bonequinha de luxo*, interpretada por

Audrey Hepburn no filme sobre o livro e que é tida como uma heroína por

Steffi Graf, tenista alemã campeã, tinha um fã obsessivo chamado

Günter Parche, que em 1993 esfaqueou a maior rival de Steffi,

Nick Bollettieri, cuja academia de tênis de mesmo nome foi muito elogiada por

Martina Navratilova, que a recomendou ao pai de

Monica Seles, durante uma partida; quando jovem, ela treinara com

Kareem Abdul-Jabbar, maior pontuador de todos os tempos do LA Lakers, só ganhou um título da NBA com a entrada no time de

MARIA SHARAPOVA

Magic Johnson, que depois foi mentor de

Tiger Woods, o golfista que por sua vez perdeu o lugar para

Rory McIlroy, cujo contrato de dez anos é dois anos mais longo do que o da Nike com

Shaquille O'Neal, que deixou os Lakers após uma briga com

Ilie Nastase, cujo acordo mais tarde foi superado por aquele com

Michael Jordan, o jogador de basquete, que foi substituído como "rosto" da Nike por

Sasha Vujacic, que por três anos foi noivo de

Nike, a deusa grega da vitória, é o nome de uma empresa de material esportivo cujo primeiro contrato de patrocínio no tênis foi com

Kobe Bryant, que em 2007-08 bateu recordes de pontos para os Lakers, assim como

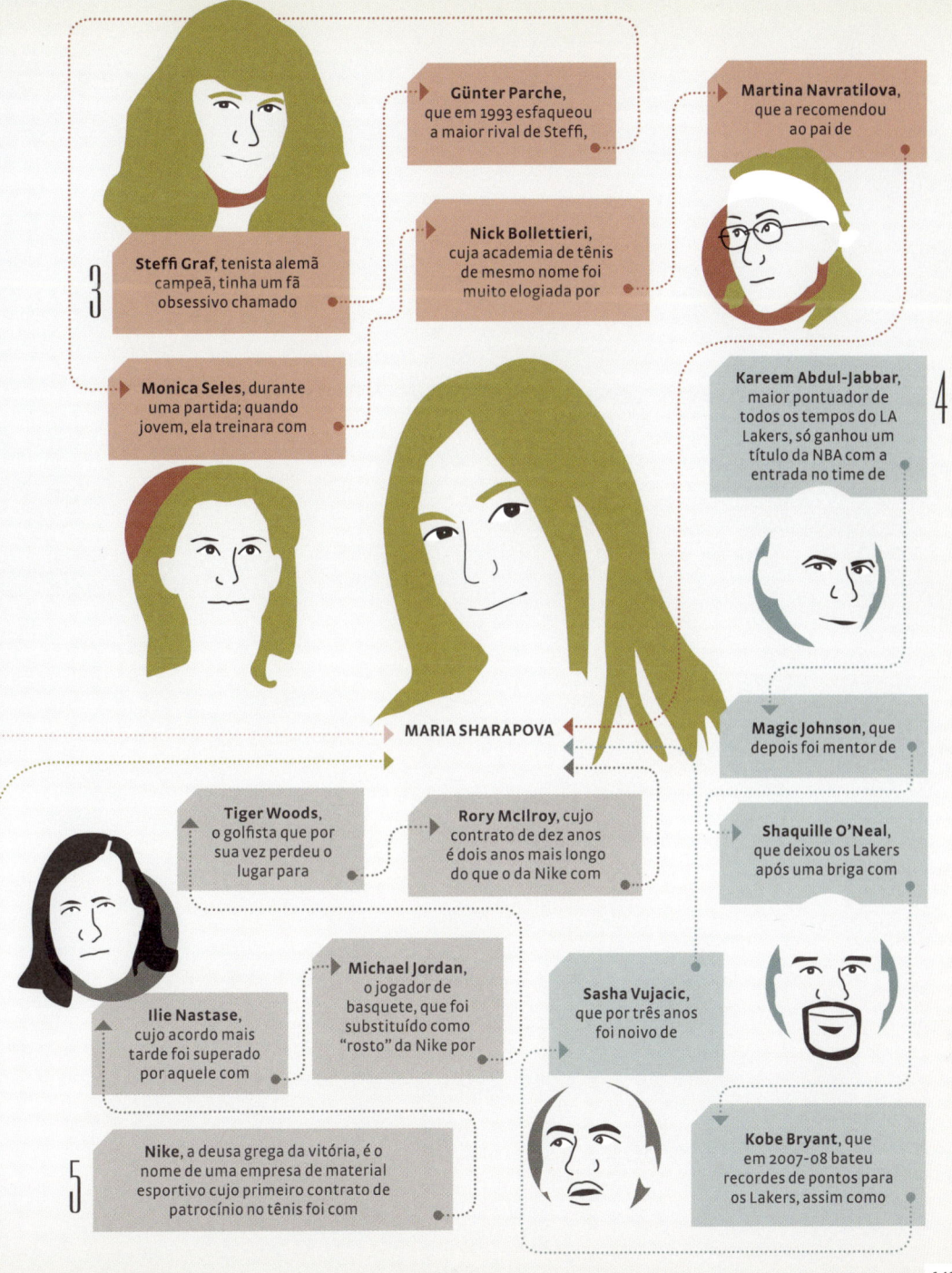

143

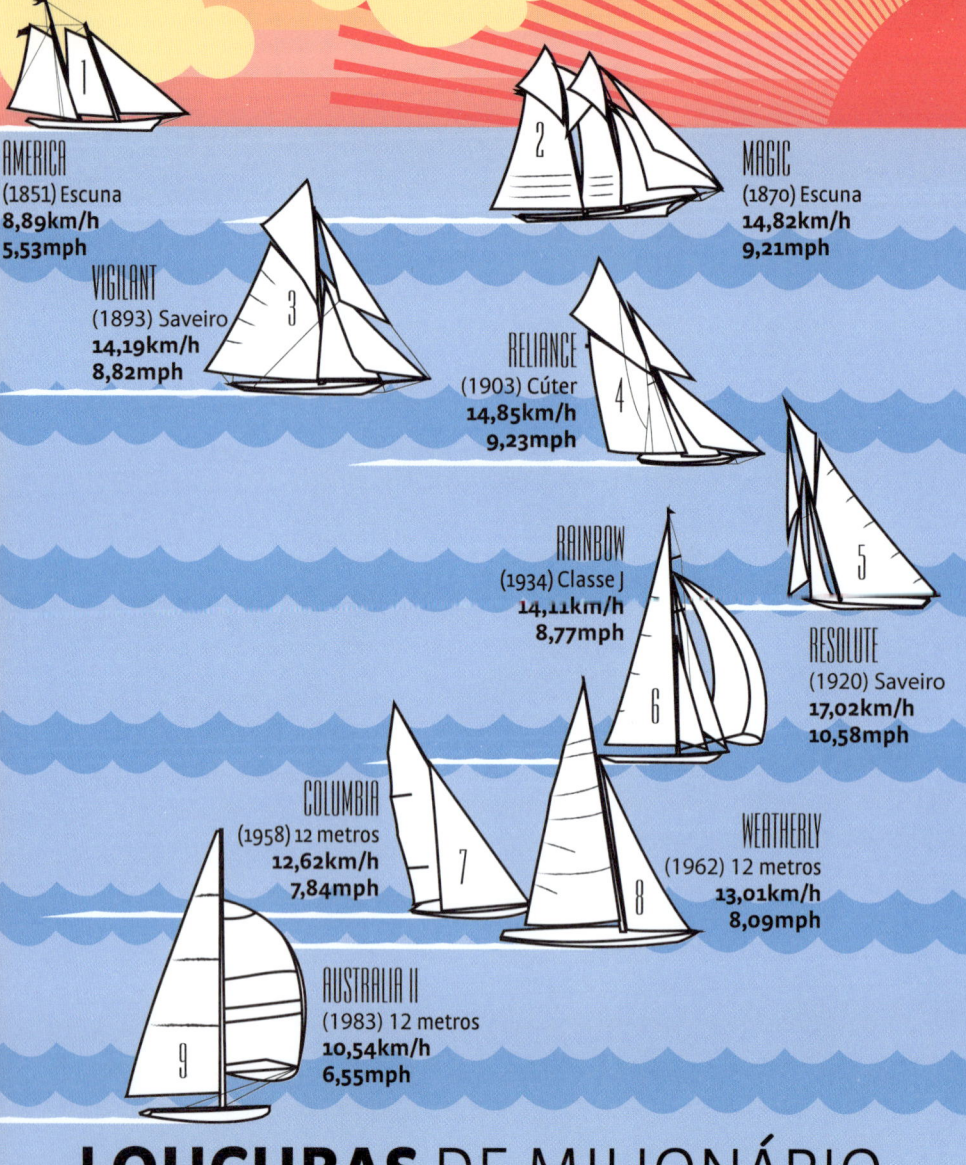

LOUCURAS DE MILIONÁRIO

Os iates têm sido o brinquedo dos milionários desde o século XIX – que é também quando começou a ser disputada a America's Cup. Esses onze vencedores eram todos de propriedade de homens com nomes que ainda ressoam como a corporificação do capitalismo.

AMERICA
(1851) Escuna
8,89km/h
5,53mph

MAGIC
(1870) Escuna
14,82km/h
9,21mph

VIGILANT
(1893) Saveiro
14,19km/h
8,82mph

RELIANCE
(1903) Cúter
14,85km/h
9,23mph

RAINBOW
(1934) Classe J
14,11km/h
8,77mph

RESOLUTE
(1920) Saveiro
17,02km/h
10,58mph

COLUMBIA
(1958) 12 metros
12,62km/h
7,84mph

WEATHERLY
(1962) 12 metros
13,01km/h
8,09mph

AUSTRALIA II
(1983) 12 metros
10,54km/h
6,55mph

5mph   10mph

PROPRIETÁRIO

1. Um grupo chefiado por **John Cox Stevens** (1785-1857), fundador do Iate Clube de Nova York. O segundo colocado chegou 18 minutos depois.

2. **Franklin Osgood** (1826-1888), financista e dono de mina. Esse barco vencedor tinha 13 anos de idade.

3. Um grupo liderado pelo banqueiro **Charles Oliver Iselin** (1854-1932). Esse foi o primeiro vencedor construído sob encomenda.

4. **William Rockefeller** (1841-1922), financista e magnata do petróleo, e **Cornelius Vanderbilt III** (1873-1942), magnata das ferrovias. Esse foi o maior barco da história da corrida.

5. Do grupo do Iate Clube de Nova York chefiado por **Henry Walters** (1848-1931), magnata das ferrovias e colecionador de arte. Esse barco quebrou o recorde do percurso.

6. **Harold S. Vanderbilt** (1884-1970), bilionário da construção naval e das ferrovias, mais dezesseis outros milionários. Primeiro vencedor com casco de alumínio.

7. Grupo liderado pelo dono de império imobiliário e financista **Henry Sears** (1913-1982). Foi a primeira corrida realizada desde 1937.

8. Grupo liderado pelo magnata da construção naval **Henry D. Mercer** (1893-1974). O primeiro desafiante australiano.

9. **Alan Bond** (1938-2015), magnata imobiliário, de mineração de ouro, cervejarias, televisão e aviação. O primeiro vencedor não americano.

10. **Larry Ellison** (1944-), americano magnata do software, quinto homem mais rico do mundo. Primeiro vencedor a viajar ao dobro da velocidade do vento.

11. **Larry Ellison** (1944-), americano magnata do software, quinto homem mais rico do mundo. Alcançou a velocidade recorde de 85km/h (53mph).

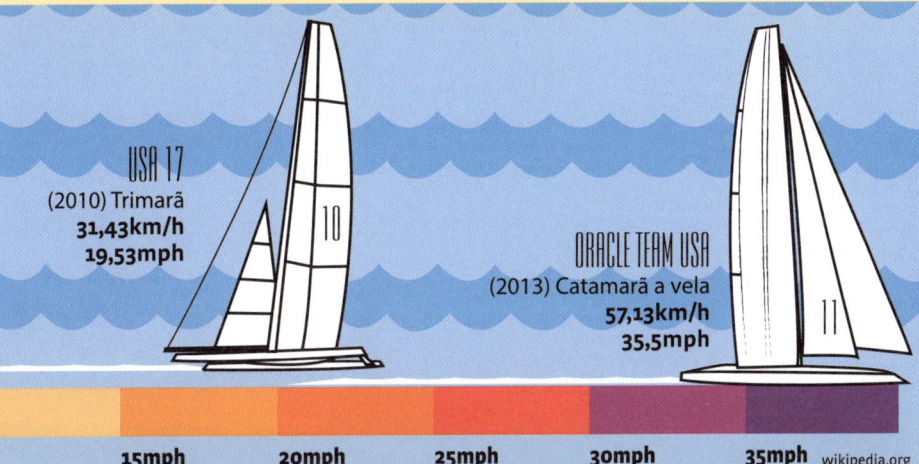

USA 17
(2010) Trimarã
31,43km/h
19,53mph

ORACLE TEAM USA
(2013) Catamarã a vela
57,13km/h
35,5mph

15mph 20mph 25mph 30mph 35mph

DAVI **DERROTA** GOLIAS!

O inesperado no esporte é a matéria de que são feitos os sonhos. Estes exemplos de vitória jamais imaginada do azarão mostram por que os sonhadores sempre torcerão pelo mais fraco.

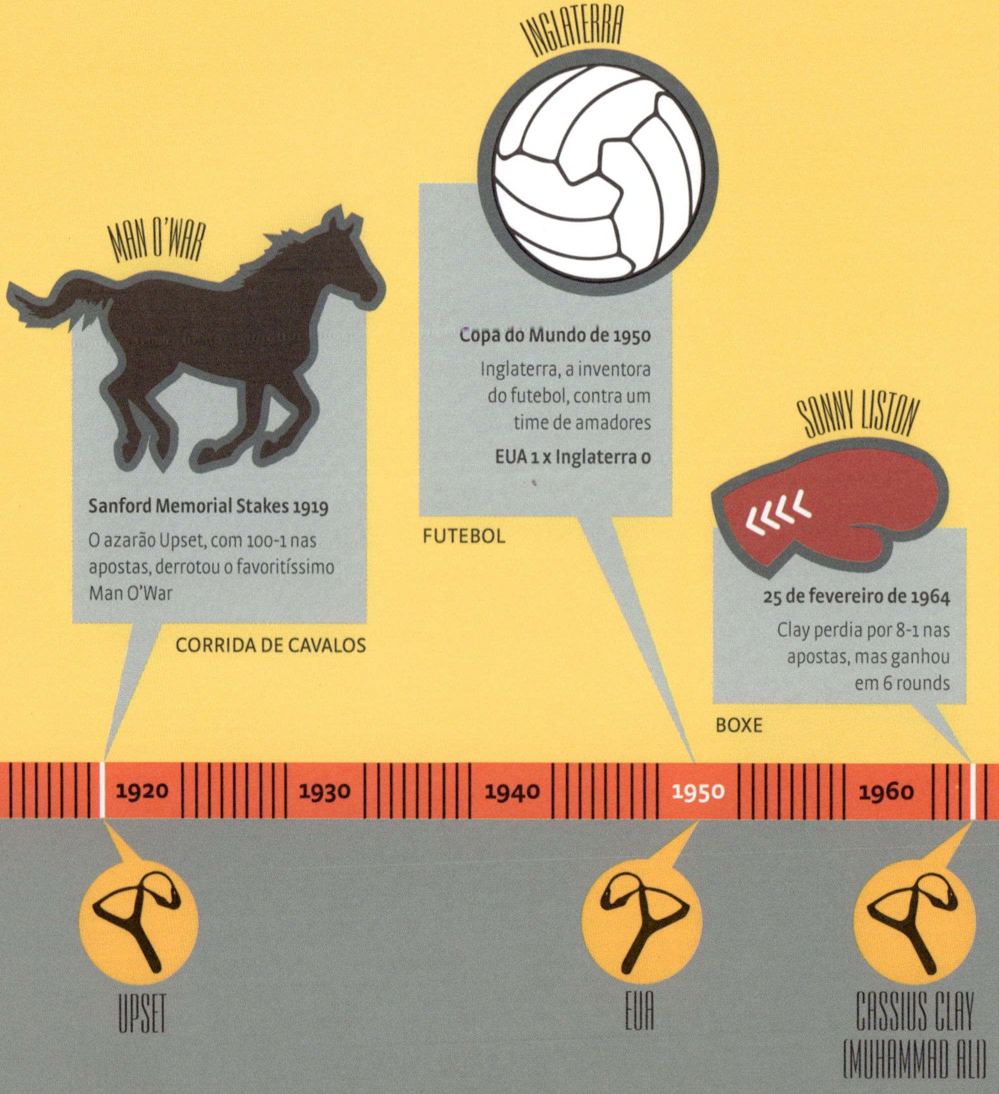

MAN O'WAR

Sanford Memorial Stakes 1919
O azarão Upset, com 100-1 nas apostas, derrotou o favoritíssimo Man O'War

CORRIDA DE CAVALOS

INGLATERRA

Copa do Mundo de 1950
Inglaterra, a inventora do futebol, contra um time de amadores

EUA 1 x Inglaterra 0

FUTEBOL

SONNY LISTON

25 de fevereiro de 1964
Clay perdia por 8-1 nas apostas, mas ganhou em 6 rounds

BOXE

1920 — 1930 — 1940 — 1950 — 1960

- UPSET
- EUA
- CASSIUS CLAY (MUHAMMAD ALI)

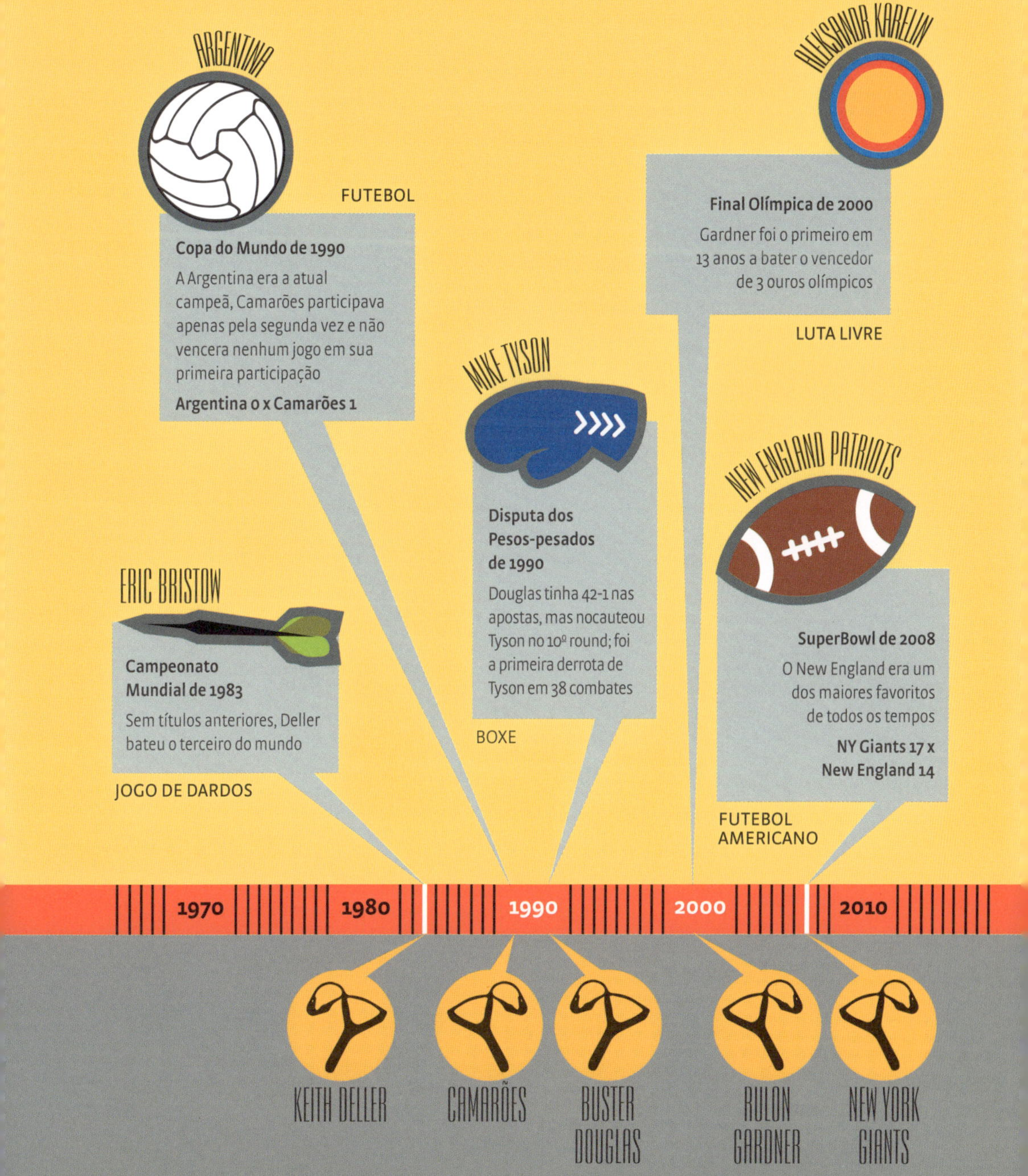

ARGENTINA

FUTEBOL

Copa do Mundo de 1990

A Argentina era a atual campeã, Camarões participava apenas pela segunda vez e não vencera nenhum jogo em sua primeira participação

Argentina 0 x Camarões 1

ALEKSANDR KARELIN

Final Olímpica de 2000

Gardner foi o primeiro em 13 anos a bater o vencedor de 3 ouros olímpicos

LUTA LIVRE

MIKE TYSON

Disputa dos Pesos-pesados de 1990

Douglas tinha 42-1 nas apostas, mas nocauteou Tyson no 10º round; foi a primeira derrota de Tyson em 38 combates

BOXE

ERIC BRISTOW

Campeonato Mundial de 1983

Sem títulos anteriores, Deller bateu o terceiro do mundo

JOGO DE DARDOS

NEW ENGLAND PATRIOTS

SuperBowl de 2008

O New England era um dos maiores favoritos de todos os tempos

NY Giants 17 x New England 14

FUTEBOL AMERICANO

1970 — 1980 — 1990 — 2000 — 2010

KEITH DELLER | CAMARÕES | BUSTER DOUGLAS | RULON GARDNER | NEW YORK GIANTS

wikipedia.org

PARECIDOS MAS DIFERENTES

À primeira vista, sinuca e bilhar são jogos muito parecidos, ambos usam uma mesa com caçapas, nas quais bolas com valores diversos têm que ser embolsadas com um taco. Mas um é britânico como o chá, e o outro, americano como a Coca, o que explica por que cada jogo é mais popular em diferentes países – embora não configure motivo para um ser mais lucrativo para jogar a dinheiro do que o outro.

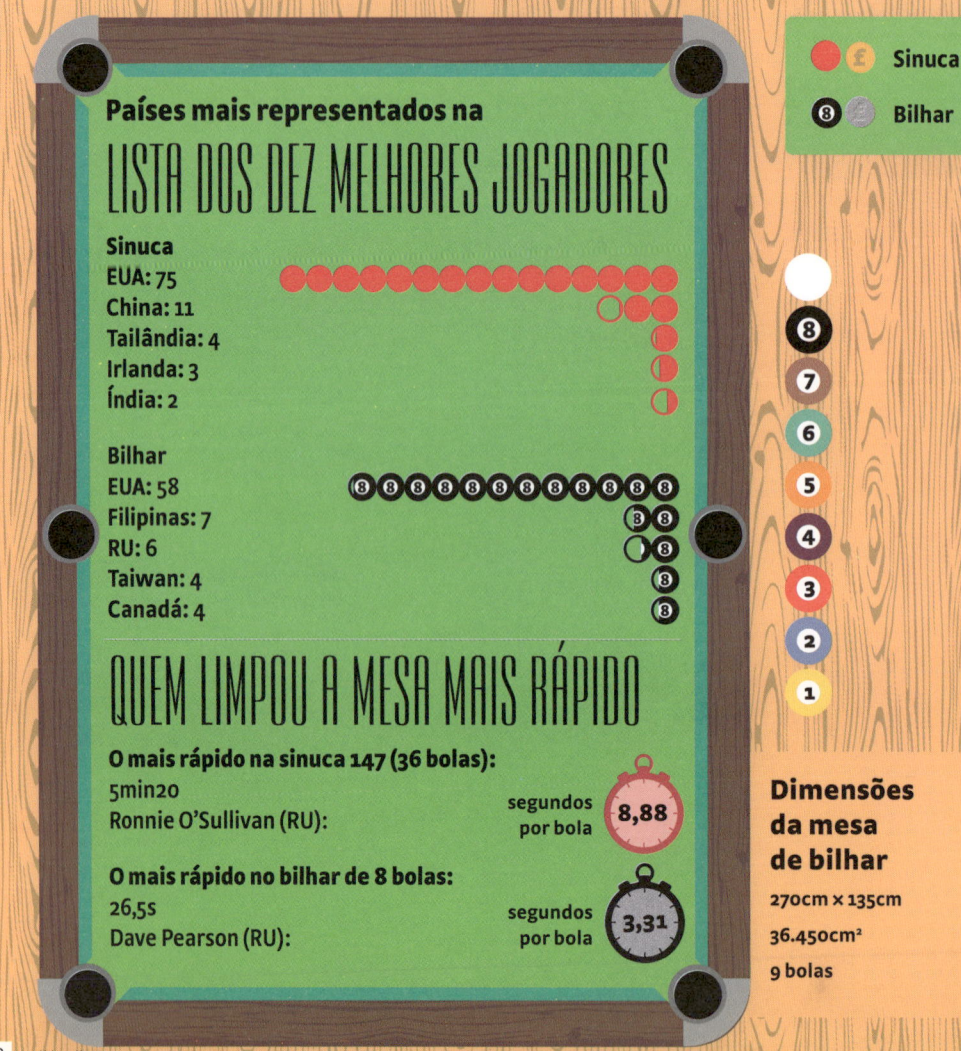

🔴 £ Sinuca
⚫ 🪙 Bilhar

Países mais representados na
LISTA DOS DEZ MELHORES JOGADORES

Sinuca
EUA: 75
China: 11
Tailândia: 4
Irlanda: 3
Índia: 2

Bilhar
EUA: 58
Filipinas: 7
RU: 6
Taiwan: 4
Canadá: 4

QUEM LIMPOU A MESA MAIS RÁPIDO

O mais rápido na sinuca 147 (36 bolas):
5min20
Ronnie O'Sullivan (RU):
8,88 segundos por bola

O mais rápido no bilhar de 8 bolas:
26,5s
Dave Pearson (RU):
3,31 segundos por bola

Dimensões da mesa de bilhar
270cm x 135cm
36.450cm²
9 bolas

wikipedia.org

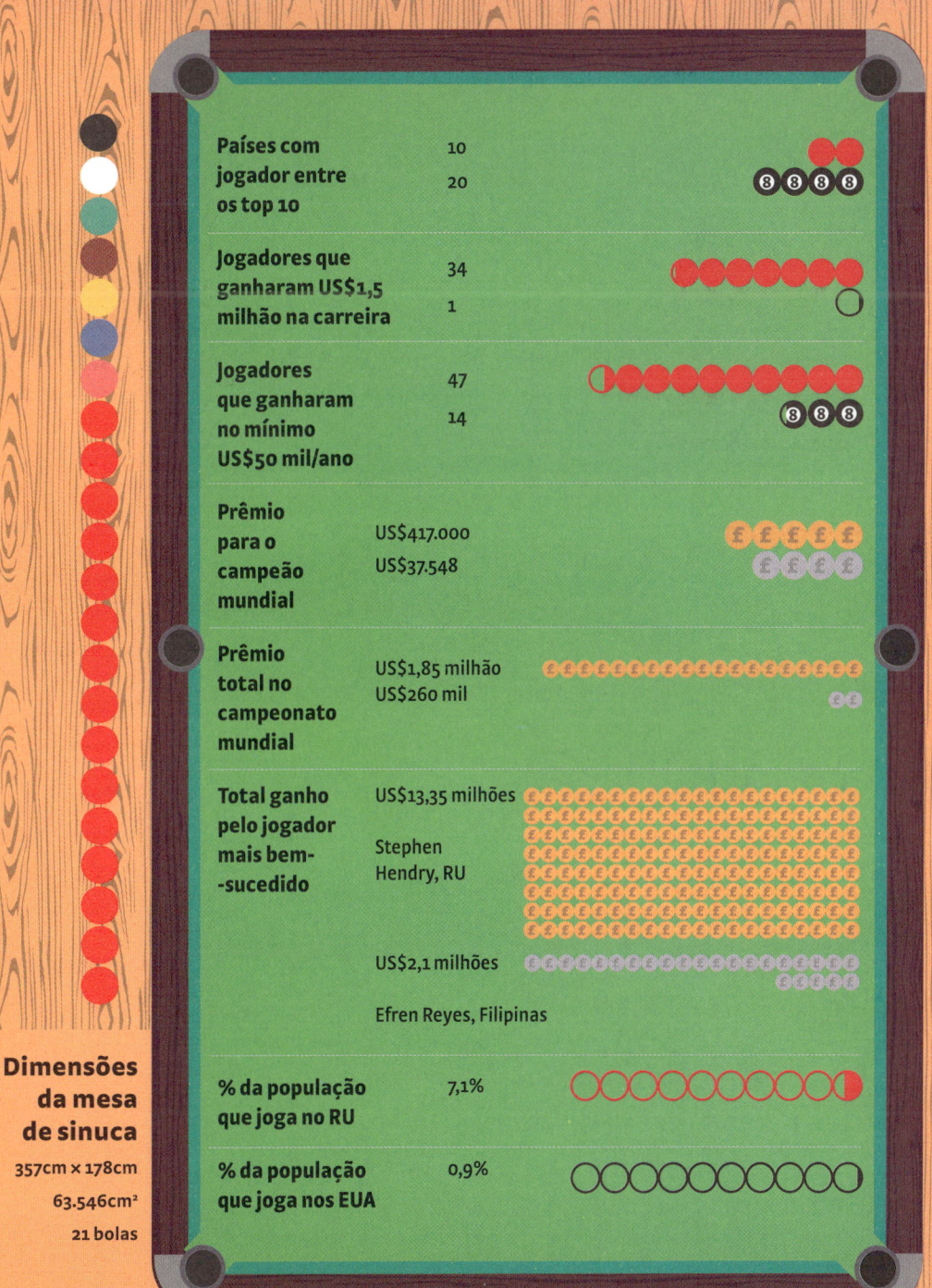

Países com jogador entre os top 10	10 20	
Jogadores que ganharam US$1,5 milhão na carreira	34 1	
Jogadores que ganharam no mínimo US$50 mil/ano	47 14	
Prêmio para o campeão mundial	US$417.000 US$37.548	
Prêmio total no campeonato mundial	US$1,85 milhão US$260 mil	
Total ganho pelo jogador mais bem-sucedido	US$13,35 milhões Stephen Hendry, RU US$2,1 milhões Efren Reyes, Filipinas	
% da população que joga no RU	7,1%	
% da população que joga nos EUA	0,9%	

Dimensões da mesa de sinuca

357cm × 178cm

63.546cm²

21 bolas

MALDIÇÕES NO ESPORTE

Muitos esportistas profissionais parecem ter superstições, rotinas e amuletos para atrair boa sorte, o que não surpreende quando vemos o quanto algumas maldições perduraram. Do beisebol ao golfe, do futebol à sinuca, veja as mais terríveis urucubacas do esporte.

MALDIÇÃO DE BARILKO
Toronto Maple Leafs
Stanley Cup

1952 - 1962
10 anos

O avião de Bill Barilko, ganhador da Stanley Cup, sumiu; os Maple Leafs só venceram de novo a competição quando seu corpo foi encontrado.

MALDIÇÃO DE 51
Mayo
Sam Maguire Cup

1951 - ?
65+ anos

Todos da equipe que ganhou em 1951 precisaram morrer antes que o time do Mayo ganhasse de novo.

MALDIÇÃO DE 1940
New York Rangers
Stanley Cup

1940 - 1994
54 anos

Os donos do ginásio dos Rangers profanaram o troféu ao queimarem documentos da hipoteca dentro dele após ganharem em 1940.

MALDIÇÃO DE MULDOON
Chicago Blackhawks
Título da liga

1927 - 1967
40 anos

Demitido, o técnico Pete Muldoon teria dito que os Blackhawks nunca seriam os primeiros de novo.

MALDIÇÃO DE SHEFFIELD
Todos os que ganharam pela primeira vez o Mundial de Sheffield, Inglaterra
Defesa do título mundial

1977 - ?
39+ anos

Quem ganhou pela primeira vez o mundial de sinuca nunca conseguiu defender o título.

MALDIÇÃO DO PAR 3
Masters de Augusta
Torneio Masters em Augusta

1960 - ?
56+ anos

Nenhum vencedor da competição do Par 3 realizada antes do Masters ganhou o título principal de Augusta.

MALDIÇÃO DO CORONEL

1985 - ?
31+ anos

Hanshin Tigers (Japão)
Liga Japonesa

Os jogadores do Hanshin Tigers atiraram uma estátua do coronel Sanders no rio após ganharem o campeonato de 1985 e, desde então, nunca mais ganharam outra liga.

MALDIÇÃO DE BAMBINO

1918 - 2004
86 anos

Boston Red Sox
World Series

Os Red Sox venderam Babe Ruth para os Yankees após vencerem o campeonato de 1918 e só voltaram a ser campeões em 2004.

MALDIÇÃO DE BOBBY LAYNE

1958 - ?
58+ anos

Detroit Lions
Nenhum troféu

Depois de ter sido vendido aos Lions, Bobby Layne disse que o time ficaria sem ganhar títulos por 50 anos.

MALDIÇÃO DAS HONEY BEARS

1986 - ?
30+ anos

Chicago Bears
Super Bowl

Os Chicago Bears venceram o Super Bowl XX e então dispensaram suas cheerleaders, as Honey Bears; nunca mais foram campeões.

MALDIÇÃO DE BIDDY EARLY

1914 - 1995
81 anos

Clare County
Título da liga

Uma feiticeira do condado de Clare rogou praga ao time desde o além-túmulo.

MALDIÇÃO DO FEITICEIRO

1970 - 2004
34 anos

Seleção de futebol da Austrália
Classificação para o mundial

A seleção australiana contratou um bruxo para ajudá-la a se classificar para a Copa do Mundo, mas não o pagou...

MALDIÇÃO DE BÉLA GUTTMANN

1962 - ?
54+ anos

Benfica
Nenhuma taça europeia

O técnico de futebol húngaro ganhou a copa e o campeonato nacional para o Benfica, mas foi demitido e rogou-lhes uma praga de 100 anos.

wikipedia.org, reddit.com

DENTRO E FORA DAS OLIMPÍADAS

Desde o início do século XX as Olimpíadas têm sido disputadas a cada quatro anos (com exceção de algumas interrupções). Hoje são compromisso fixo no calendário de esportes mundial. Mas elas nem sempre foram iguais. A seguir, um guia dos esportes que entraram e saíram dos Jogos Olímpicos desde 1895.

TOTAL DE EVENTOS DE VERÃO

○ 0-59   ○ 60-120   ○ 121-180   ○ 181-240   ○ 240-302

'96	'00	'04	'06	'08	'12	'20	'24	'28	'32	'36	'48	'52	'56	'60
43	85	94	78	110	102	156	126	109	117	129	136	149	151	150

'64	'68	'72	'76	'80	'84	'88	'92	'96	'00	'04	'08	'12	'16
163	178	191	198	205	221	241	256	272	300	301	302	302	306

ESPORTES DE VERÃO INTERROMPIDOS

Beisebol 1912[D], 1936[D], 1952[D], 1956[D], 1964[D], 1984[D], 1988[D], 1992[1], 1996[1], 2000[1], 2004[1], 2008[1] |
Pelota basca 1900[1], 1924[D], 1968[D], 1992[D] | **Críquete** 1900[1] | **Croquê** 1900[3] |
Hipismo/Saltos 1920[2] | **Patinação artística** 1908[4], 1920[4], 1924-2016 | **Hóquei no gelo** 1920[1],
1924-2016 | **Jeu de paume** 1900[D], 1908[1], 1924[D] | **Lacrosse** 1904[1], 1908[1], 1928[D], 1932[D], 1948[D] |
Polo 1900[1], 1908[1], 1920[1], 1924[1], 1936[1] | **Rackets** 1908[2] | **Roque** 1904[1] | **Softball** 1996-2008[1] |
Cabo de guerra 1900-1920[1] | **Esportes aquáticos motorizados** 1900[D], 1908[3]

[1)] Número de participações   [D)] Demo

LEGENDA

Aquáticos
- Mergulho
- Natação
- Nado sincronizado
- Polo aquático

- Tiro com arco
- Atletismo
- Badminton
- Basquete
- Boxe

Canoagem/Caiaque
- Slalom
- Sprint

Ciclismo
- BMX
- Mountain biking
- Ciclismo de estrada
- Ciclismo de pista

Hipismo
- Adestramento

- Equitação
- Saltos

- Esgrima
- Hóquei em campo
- Futebol
- Golfe

Ginástica
- Artística
- Rítmica
- Trampolim acrobático

- Handebol
- Judô
- Pentatlo moderno
- Remo
- Rúgbi union
- Vela
- Tiro
- Tênis de mesa
- Tae kwon do
- Tênis
- Triatlo

- Vôlei de praia
- Vôlei (ginásio)
- Halterofilismo

Luta
- Livre
- Greco-romana

D* Demo

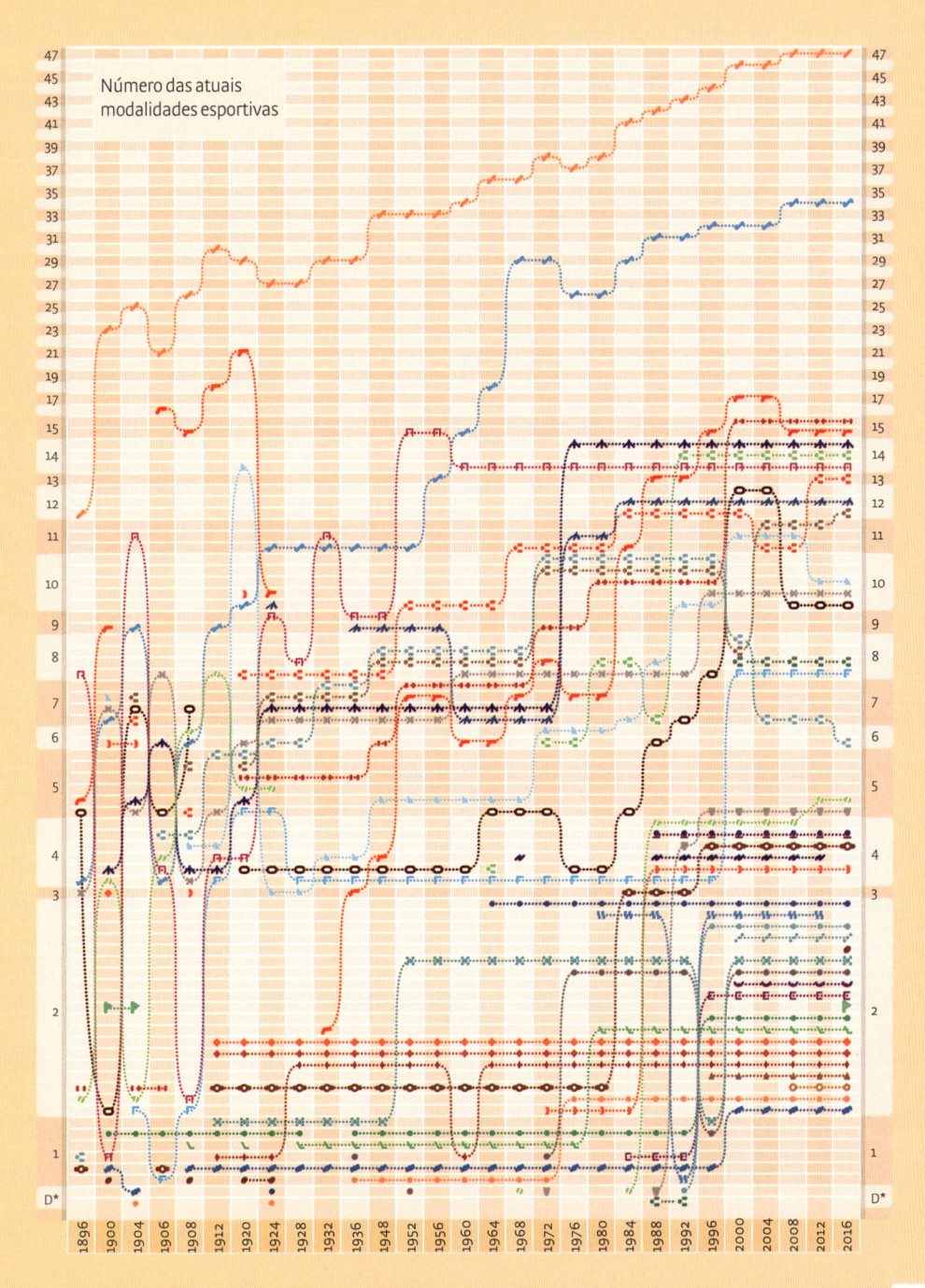

Número das atuais modalidades esportivas

SALTO COM VARA

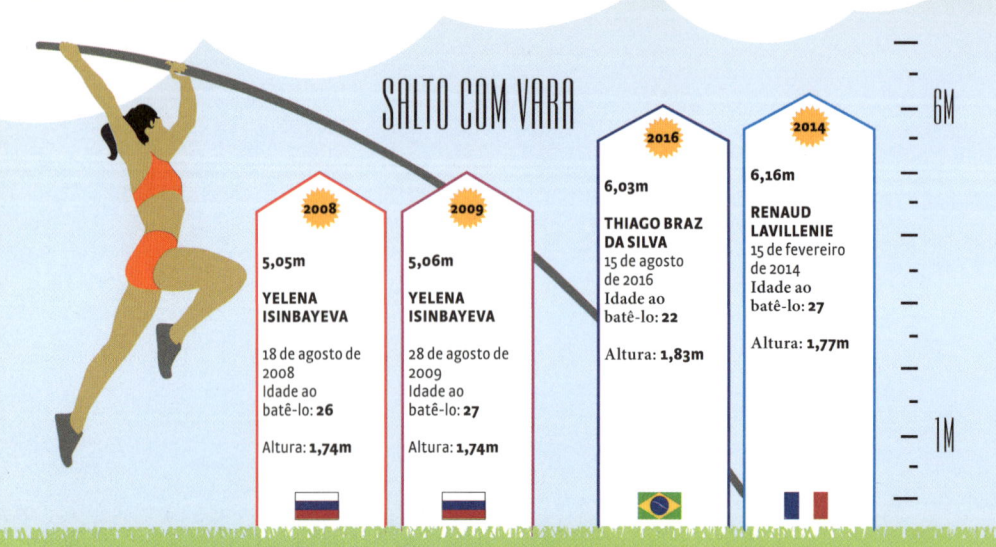

2008 — 5,05m
YELENA ISINBAYEVA
18 de agosto de 2008
Idade ao batê-lo: 26
Altura: 1,74m

2009 — 5,06m
YELENA ISINBAYEVA
28 de agosto de 2009
Idade ao batê-lo: 27
Altura: 1,74m

2016 — 6,03m
THIAGO BRAZ DA SILVA
15 de agosto de 2016
Idade ao batê-lo: 22
Altura: 1,83m

2014 — 6,16m
RENAUD LAVILLENIE
15 de fevereiro de 2014
Idade ao batê-lo: 27
Altura: 1,77m

QUEM SE HABILITA AO SALTO EM ALTURA?

Recordes mundiais são quebrados a toda hora, nos encontros internacionais, nas Olimpíadas e em outras competições. Ou, pelo menos, é o que acontece com a maioria das modalidades, exceto, ao que parece, aquelas que envolvem saltos. Os recordes olímpicos têm sido batidos com mais facilidade do que os mundiais, mas vários deles persistem há décadas.

SALTO TRIPLO

Altura 1,72m	FRANÇOISE MBANGO ETONE	Agosto de 2008 Idade ao batê-lo: 22	2008	15,39m
Altura 1,78m	INESSA KRAVETS	10 de agosto de 1995 Idade ao batê-lo: 31	1995	15,50m
Altura 1,78m	KENNY HARRISON	July 1996 Idade ao batê-lo: 42	1996	18,09m
Altura 1,83m	JONATHAN EDWARDS	7 de agosto de 1995 Idade ao batê-lo: 29	1995	18,29 m

sports-reference.com, wikipedia.org

SALTO EM ALTURA

2008 — 2,06m
YELENA SLESARENKO
Agosto de 2008
Idade ao batê-lo: **22**
Altura: **1,79m**
🇷🇺

1987 — 2,09 m
STEFKA KOSTADINOVA
30 de agosto de 1987
Idade ao batê-lo: **22**
Altura: **1,80m**
🇧🇬

1996 — 2,39m
CHARLES AUSTIN
Julho de 1996
Idade ao batê-lo: **28**
Altura: **1,83m**
🇺🇸

1993 — 2,45 m
JAVIER SOTOMAYOR
27 de julho de 1993
Idade ao batê-lo: **25**
Altura: **1,95m**
🇨🇺

Escala: 3M — 2,50M — 0,50M

RECORDE MUNDIAL MASCULINO
RECORDE OLÍMPICO MASCULINO
MARCA DO ANO
RECORDE MUNDIAL FEMININO
RECORDE OLÍMPICO FEMININO

SALTO EM DISTÂNCIA

	Altura	Atleta	Data	Ano	Distância
🇺🇸	1,91m	BOB BEAMON	Outubro de 1968 Idade ao batê-lo: **22**	1968	8,90m
🇺🇸	1,88m	Mike Powell	30 de agosto de 1991 Idade ao batê-lo: **28**	1991	8,95m
🇺🇸	1,78m	JACKIE JOYNER-KERSEE	Setembro de 1988 Idade ao batê-lo: **26**	1988	7,4m
🇷🇺	1,69m	GALINA CHISTYAKOVA	11 de junho de 1988 Idade ao batê-lo: **26**	1988	7,52m

1M   3M   5M   7M   9M

NA **MOSCA!**

Exatamente quão difícil é encaçapar uma bola de bilhar, fazer uma enterrada no basquete ou dar aquela tacada de mestre no golfe para colocar a bola no buraco? Veja aqui o quanto os alvos são maiores que os objetos que atiramos neles, qual o grau de dificuldade de acertá-los de primeira e se alguém está tentando impedir que o lançamento atinja o alvo.

MODALIDADE	ALVO	ÁREA DO ALVO (M²)	OBJETO
Bilhar (no canto – largura máxima)	Caçapa	0,36	Bola (diâmetro)
Basquete	Cesta	0,164	Bola
Golfe	Buraco	0,009	Bola
Tiro ao pombo de argila	Pombo de argila	0,0095	Tiro (c. 250 por cartucho)
Futebol	Meta	17,84	Bola de futebol
Hóquei no gelo	Rede	2,23	Disco
Tênis de mesa (saque)	Lado do saque	1,042	Bola
Tênis (saque)	Área de serviço	13,17	Bola
Futebol americano	End Zone	445,93	Bola
Arco	Alvo	1,167	Flecha
Dardos	Alvo	0,164	Dardo

ÁREA DO OBJETO (M²)	TAMANHO DO OBJETO EM RELAÇÃO AO ALVO	O ALVO É DEFENDIDO?
0,017	0,48	Não
0,0455	0,28	Sim
0,00142	0,16	Não
5,85 x 10⁻⁶	0,1375	Sim
0,0387	0,002	Não
0,00455	0,002	Sim
0,00125	0,0012	Não
0,0034	0,00026	Sim
0,0247	0,000055	Não
0,000059	0,00005	Sim
0,00000074	0,000005	Não

darting.com, wpa-pool.com, nhl.com, livestrong.com, cpsa.co.uk

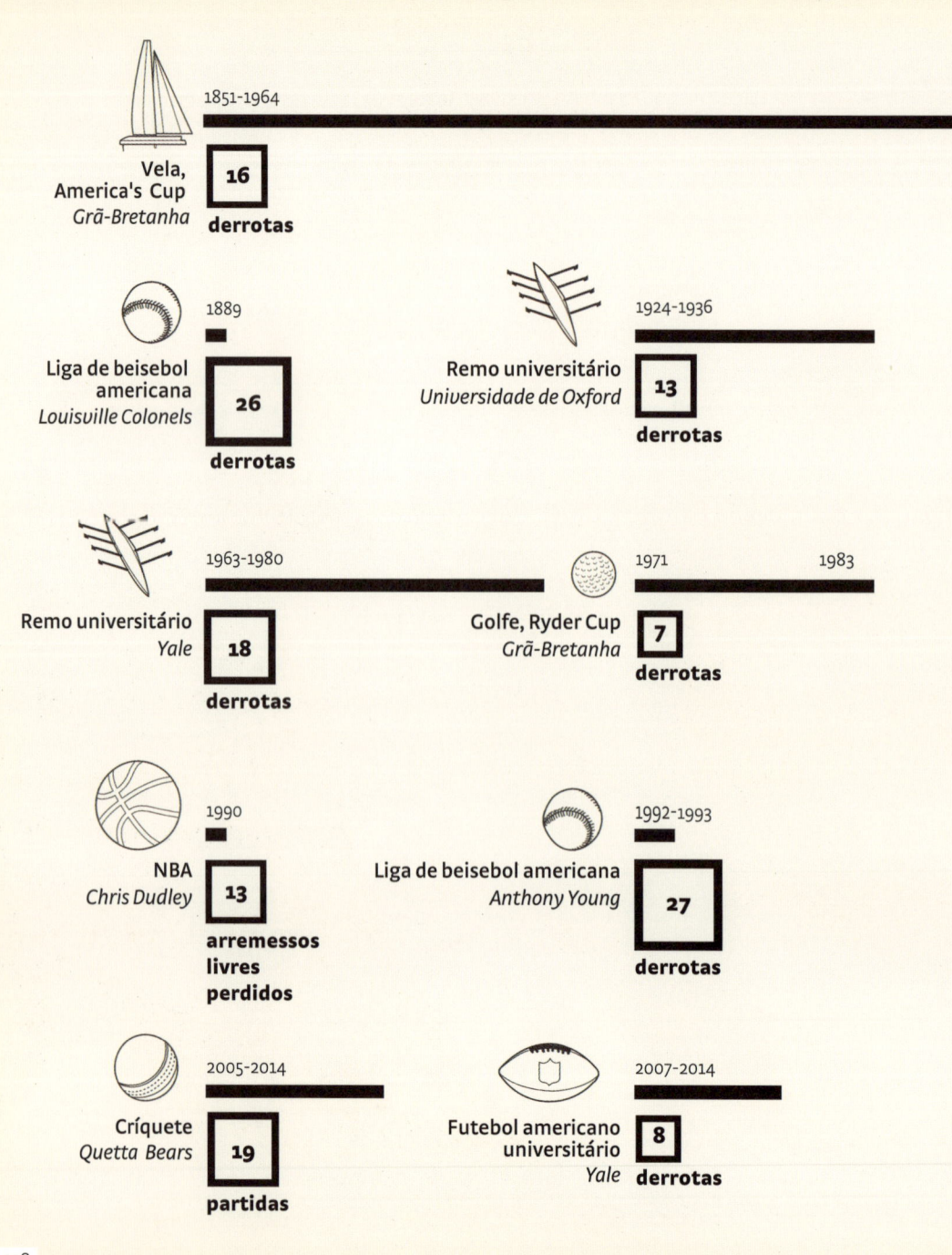

Vela, America's Cup
Grã-Bretanha
1851-1964
16 derrotas

Liga de beisebol americana
Louisville Colonels
1889
26 derrotas

Remo universitário
Universidade de Oxford
1924-1936
13 derrotas

Remo universitário
Yale
1963-1980
18 derrotas

Golfe, Ryder Cup
Grã-Bretanha
1971 — 1983
7 derrotas

NBA
Chris Dudley
1990
13 arremessos livres perdidos

Liga de beisebol americana
Anthony Young
1992-1993
27 derrotas

Críquete
Quetta Bears
2005-2014
19 partidas

Futebol americano universitário
Yale
2007-2014
8 derrotas

ACOSTUMADOS A PERDER

Pela própria natureza, o esporte precisa ter um perdedor, mas estas equipes e indivíduos levaram a derrota a outro patamar. A seguir, as mais longas sequências de derrotas – consecutivas, sem uma vitória sequer – em oito modalidades esportivas principais.

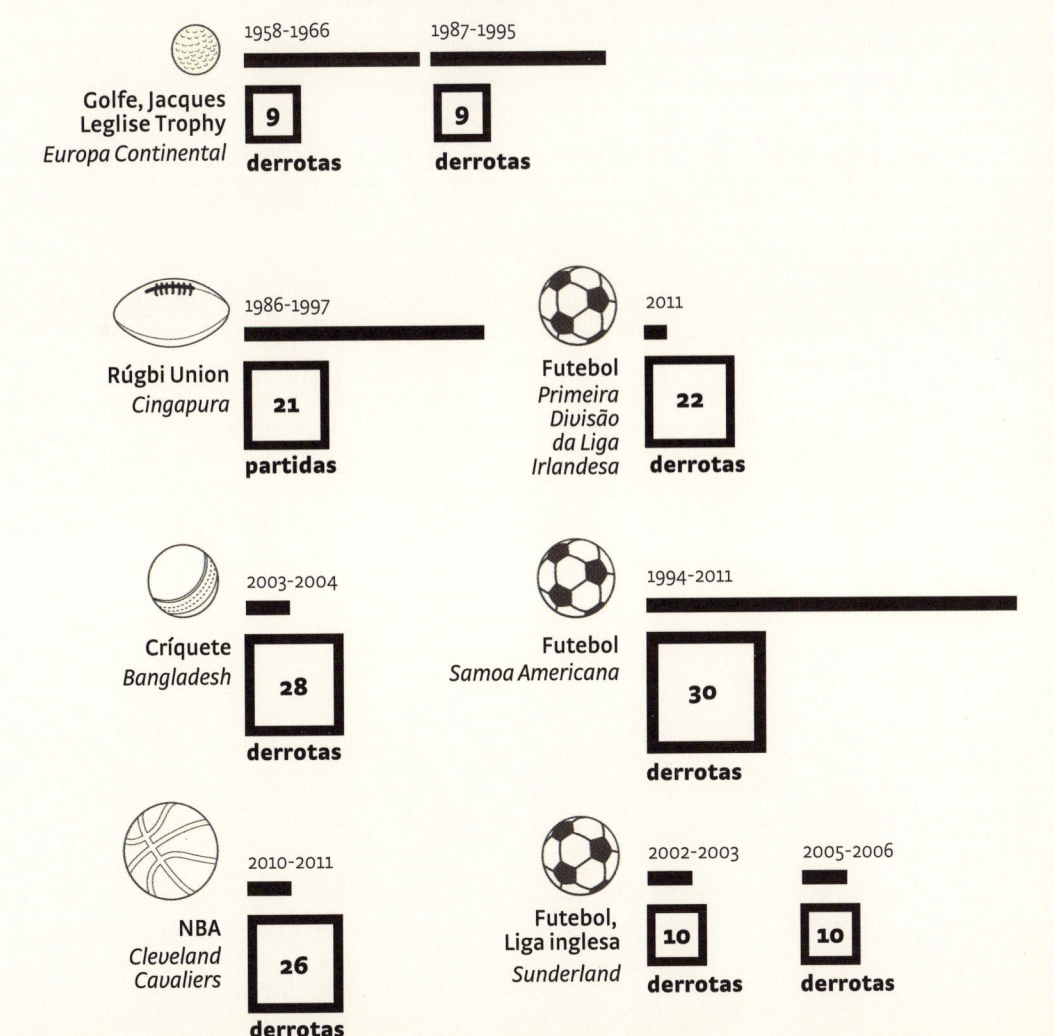

Golfe, Jacques Leglise Trophy
Europa Continental
- 1958-1966: **9 derrotas**
- 1987-1995: **9 derrotas**

Rúgbi Union
Cingapura
- 1986-1997: **21 partidas**

Futebol Primeira Divisão da Liga Irlandesa
- 2011: **22 derrotas**

Críquete
Bangladesh
- 2003-2004: **28 derrotas**

Futebol
Samoa Americana
- 1994-2011: **30 derrotas**

NBA Cleveland Cavaliers
- 2010-2011: **26 derrotas**

Futebol, Liga inglesa Sunderland
- 2002-2003: **10 derrotas**
- 2005-2006: **10 derrotas**

Créditos

Designers e Ilustradores

Marc Morera Agustí (18-9, 24-5, 54-5)
Meegan Barnes (42)
Federica Bonfanti (14-5, 66-7)
Kuo Kang Chen (48-9, 62-3)
Ian Cowles (43)
Ben Cracknell (70-1, 82-3)
Giulia De Amicis (158-9)
Barbara Doherty (10-1, 22-3, 28, 36-7, 50-1, 72-3, 78-9, 92-3, 96-7, 106-7, 117, 132, 146-7)
Cristian Enache (40-1, 44-5, 46-7, 56-7, 102-3, 124-5, 128-9, 136-7)

Marco Giannini (76-7)
Nick Graves (74-5, 80-1, 84-5)
Lorena Guerra (12)
Natasha Hellegouarch (60-1, 140-1)
Diana Coral Hernandez (86-7, 154-5)
Erwin Hilao (16-7, 34-5)
Tomasz Kłosinski (152-3)
Stephen Lillie (118-9, 130-1)
Mish Maudsley (68-9, 126-7, 144-5, 148-9)
Priscila Mendoza, Yazmin Alanis (20-1, 29, 32-3, 52-3, 94-5)

Milkwhale.com (114-5, 122-3, 134-5, 150-1)
Aleksandar Savic (108-9, 112-3, 133)
Yael Shinkar (13, 26-7, 100-1, 142-3)
Arnold Skawinski (64-5, 88-9, 90-1, 98-9, 138-9)
Ryan Welch (30-1, 110-1, 116)
Gemma Wilson (38-9, 104-5, 156-7)
Anil Yanik (58-9)